A arte da brevidade
Contos

Virginia Woolf

A arte da brevidade
Contos

2ª reimpressão

SELEÇÃO E TRADUÇÃO
Tomaz Tadeu

autêntica

Ato I: Fissão

9
A marca na parede

33
Objetos sólidos

Entreato: Fuga

55
O legado

Ato II: Fusão

81
A dama no espelho

99
Kew Gardens

123
Notas do tradutor

Ato I: Fissão

The Mark on the Wall

Perhaps it was the middle of January in the present year that I first looked up and saw the mark on the wall. In order to fix a date it is necessary to remember what one saw. So now I think of the fire; the steady film of yellow light upon the page of my book; the three chrysanthemums in the round glass bowl on the mantelpiece. Yes, it must have been the winter time, and we had just finished our tea, for I remember that I was smoking a cigarette when I looked up and saw the mark on the wall for the first time. I looked up through the smoke of my cigarette and my eye lodged for a moment upon the burning coals, and that old fancy of the crimson flag flapping from the castle tower came into my mind, and I thought of the cavalcade of red knights riding up the side of the black rock. Rather to my relief the sight of the mark interrupted the fancy, for it is an old fancy, an automatic fancy, made as a child perhaps. The mark was a small round mark, black upon the white wall, about six or seven inches above the mantelpiece.

A marca na parede

Foi talvez em meados de janeiro do corrente ano que pela primeira vez olhei para cima e vi a marca na parede. Para fixar uma data é preciso lembrar o que se via. Assim, penso agora no fogo; na firme película de luz amarela sobre a página de meu livro; nos três crisântemos do jarro redondo de vidro em cima do console da lareira. Sim, devia ser inverno, e tínhamos acabado de tomar nosso chá, pois lembro que estava fumando um cigarro quando olhei para cima e vi a marca na parede pela primeira vez. Olhei para cima através da fumaça do cigarro e meu olhar se fixou por um instante nos carvões em brasa, e aquela antiga fantasia da flâmula carmesim flutuando do alto da torre do castelo me veio à mente, e pensei na cavalgada de cavaleiros rubros subindo pela escarpa do penhasco negro. Para meu grande alívio, a visão da marca interrompeu a fantasia, pois é uma fantasia antiga, uma imagem automática, arquitetada quando criança talvez. A marca era uma pequena marca redonda, negra contra a parede branca, dois palmos acima do console da lareira.

How readily our thoughts swarm upon a new object, lifting it a little way, as ants carry a blade of straw so feverishly, and then leave it…. If that mark was made by a nail, it can't have been for a picture, it must have been for a miniature—the miniature of a lady with white powdered curls, powder-dusted cheeks, and lips like red carnations. A fraud of course, for the people who had this house before us would have chosen pictures in that way—an old picture for an old room. That is the sort of people they were—very interesting people, and I think of them so often, in such queer places, because one will never see them again, never know what happened next. They wanted to leave this house because they wanted to change their style of furniture, so he said, and he was in process of saying that in his opinion art should have ideas behind it when we were torn asunder, as one is torn from the old lady about to pour out tea and the young man about to hit the tennis ball in the back garden of the suburban villa as one rushes past in the train.

But as for that mark, I'm not sure about it; I don't believe it was made by a nail after all; it's too big, too round, for that. I might get up, but if I got up and looked at it, ten to one I shouldn't be able to say for certain; because once a thing's done, no one ever knows how it happened. Oh! dear me, the mystery of life; The inaccuracy of thought! The ignorance of humanity! To show how very

Com que rapidez os nossos pensamentos se atiram em cima de um novo objeto, dando-lhe importância por uns breves instantes, tal como as formigas, que carregam uma tira de palha com a maior febre para largá-la logo em seguida... Se essa marca foi feita por um prego, não pode ter sido para um quadro, deve ter sido para um retrato em miniatura – o retrato de uma dama com cachos empoados, faces empastadas de pó e lábios como cravos rubros. Uma pista falsa, claro, porque as pessoas às quais esta casa pertenceu antes de nós teriam escolhido quadros no mesmo estilo – um quadro antigo para uma sala antiga. Este é o tipo de pessoa que elas eram – pessoas muito interessantes, e penso nelas dessa maneira com tanta frequência, em lugares estranhos como este, porque nunca mais as veremos, nunca saberemos o que aconteceu depois. Queriam deixar esta casa porque queriam mudar seu estilo de móveis, assim disse ele, e estava ensaiando dizer que em sua opinião a arte deveria ter ideias que a sustentassem, quando fomos separados, tal como se é separado, ao se passar velozmente de trem por um lugar, da velha senhora prestes a verter o chá e do moço prestes a golpear a bola de tênis no jardim dos fundos da casa de campo.

Mas, quanto àquela marca, não tenho certeza a seu respeito; não acho, afinal, que foi feita por um prego; é grande demais, redonda demais, para isso. Posso me levantar, mas se me levanto e dou uma olhada, a chance é de dez para um que não serei capaz de dizer com certeza; pois uma vez a coisa feita, ninguém sabe como aconteceu. Oh! pobre de mim, o mistério da vida! A imprecisão do pensamento! A ignorância da humanidade! Para mostrar

little control of our possessions we have—what an accidental affair this living is after all our civilization—let me just count over a few of the things lost in one lifetime, beginning, for that seems always the most mysterious of losses—what cat would gnaw, what rat would nibble—three pale blue canisters of book-binding tools? Then there were the bird cages, the iron hoops, the steel skates, the Queen Anne coal-scuttle, the bagatelle board, the hand organ—all gone, and jewels, too. Opals and emeralds, they lie about the roots of turnips. What a scraping paring affair it is to be sure! The wonder is that I've any clothes on my back, that I sit surrounded by solid furniture at this moment. Why, if one wants to compare life to anything, one must liken it to being blown through the Tube at fifty miles an hour—landing at the other end without a single hairpin in one's hair! Shot out at the feet of God entirely naked! Tumbling head over heels in the asphodel meadows like brown paper parcels pitched down a shoot in the post office! With one's hair flying back like the tail of a race-horse. Yes, that seems to express the rapidity of life, the perpetual waste and repair; all so casual, all so haphazard....

But after life. The slow pulling down of thick green stalks so that the cup of the flower, as it turns over, deluges one with purple and red light. Why, after all, should one not be born there as one is born here, helpless, speechless, unable to focus

o pouco controle que temos sobre nossas posses, o quanto
esta vida é acidental apesar de toda a nossa civilização,
deixem-me passar em revista apenas algumas das coisas
perdidas ao longo de nossa vida, a começar por aquela
que sempre parece ser a mais misteriosa delas, pois que
gato abocanharia, que rato roeria três caixas azul-claras
com ferramentas para encadernar livros? Depois houve as
gaiolas dos pássaros, as argolas de ferro, os patins de aço,
o balde de carvão estilo rainha Anne, a mesa de bilhar
chinês, o realejo – tudo sumido, e joias também. Opalas
e esmeraldas abandonadas junto às raízes dos nabos. Uma
empreitada espinhosa, com toda certeza! É um milagre
que eu ainda tenha alguma roupa no corpo, que tenha
onde me sentar neste momento, dispondo de móveis só-
lidos à minha volta. Ora, se quisermos comparar a vida
a alguma coisa, devemos equipará-la à experiência de
quem vai, num tufão, pelo túnel do metrô afora a oiten-
ta quilômetros por hora – indo aterrissar na outra ponta
sem um único grampo no cabelo! Indo parar aos pés de
Deus em completa nudez! Caindo de ponta-cabeça nos
campos de asfódelos como pacotes de papel pardo atira-
dos de qualquer jeito pela abertura das caixas de coleta
da agência dos correios! Com os cabelos voando para trás
como rabo de cavalo de corrida. Sim, isso parece expri-
mir a rapidez da vida, o perpétuo estrago e a perpétua
regeneração; tudo tão casual, tudo tão fortuito...

Mas após a vida. A lenta ruína de grossos caules
verdes, de modo que o cálice da flor, ao emborcar, nos
inunda de luz roxa e rubra. Por que, afinal, não deve-
mos nascer lá tal como nascemos aqui, sem amparo, sem
fala, incapazes de focalizar a vista, buscando às cegas

one's eyesight, groping at the roots of the grass, at the toes of the Giants? As for saying which are trees, and which are men and women, or whether there are such things, that one won't be in a condition to do for fifty years or so. There will be nothing but spaces of light and dark, intersected by hick stalks, and rather higher up perhaps, rose-shaped blots of an indistinct colour—dim pinks and blues—which will, as time goes on, become more definite, become—I don't know what....

And yet that mark on the wall is not a hole at all. It may even be caused by some round black substance, such as a small rose leaf, left over from the summer, and I, not being a very vigilant housekeeper—look at the dust on the mantelpiece, for example, the dust which, so they say, buried Troy three times over, only fragments of pots utterly refusing annihilation, as one can believe.

The tree outside the window taps very gently on the pane.... I want to think quietly, calmly, spaciously, never to be interrupted, never to have to rise from my chair, to slip easily from one thing to another, without any sense of hostility, or obstacle. I want to sink deeper and deeper, away from the surface, with its hard separate facts. To steady myself, let me catch hold of the first idea that passes.... Shakespeare.... Well, he will do as well as another. A man who sat himself solidly in an arm-chair, and looked into the fire, so— A shower of ideas fell perpetually from some very

nos agarrar a raízes de grama, a dedões de Gigantes? Quanto a dizer o que são árvores, e o que são homens e mulheres, ou se existem tais coisas, isso é algo que não estaremos em condições de fazer por cinquenta anos ou mais. Não haverá nada a não ser espaços de luz e escuridão, atravessados por grossos caules, e bem mais no alto, talvez, borrões em forma de rosa de uma cor indistinta – cor-de-rosa e azuis desmaiados – que se tornarão, com o passar do tempo, mais definidos, que se tornarão... não sei o quê...

E, contudo, aquela marca na parede não é um buraco, em hipótese alguma. Pode até mesmo ter sido causada por alguma substância redonda negra, como uma pequena folha de roseira, deixada ali desde o verão, e eu, não dando muita atenção ao cuidado da casa... vejam o pó no console da lareira, por exemplo, o pó que, assim dizem, soterrou Troia três vezes seguidas, simples fragmentos de vasos categoricamente recusando, acredita-se, a aniquilação.

A árvore encostada à janela bate muito de leve na vidraça... Quero pensar sossegadamente, calmamente, comodamente, sem que nunca me interrompam, sem nunca ter que me levantar da cadeira, pular facilmente de uma coisa para outra, sem qualquer sensação de hostilidade ou obstáculo. Quero mergulhar fundo, cada vez mais fundo, bem abaixo da superfície, com seus fatos crus e isolados. Para me firmar, deixem-me pegar a primeira ideia que passa... Shakespeare... Bom, ele servirá tão bem quanto qualquer outra. Um homem que se sentava solidamente em sua poltrona e ficava olhando para o fogo, e então... Um jorro de ideias caía perpetuamente de algum

high Heaven down through his mind. He leant his forehead on his hand, and people, looking in through the open door,—for this scene is supposed to take place on a summer's evening—But how dull this is, this historical fiction! It doesn't interest me at all. I wish I could hit upon a pleasant track of thought, a track indirectly reflecting credit upon myself, for those are the pleasantest thoughts, and very frequent even in the minds of modest mouse-coloured people, who believe genuinely that they dislike to hear their own praises. They are not thoughts directly praising oneself; that is the beauty of them; they are thoughts like this:

"And then I came into the room. They were discussing botany. I said how I'd seen a flower growing on a dust heap on the site of an old house in Kingsway. The seed, I said, must have been sown in the reign of Charles the First. What flowers grew in the reign of Charles the First?" I asked—(but I don't remember the answer). Tall flowers with purple tassels to them perhaps. And so it goes on. All the time I'm dressing up the figure of myself in my own mind, lovingly, stealthily, not openly adoring it, for if I did that, I should catch myself out, and stretch my hand at once for a book in self-protection. Indeed, it is curious how instinctively one protects the image of oneself from idolatry or any other handling that could make it ridiculous, or too unlike the original to be believed in any longer. Or is it not so very

Paraíso muito elevado, encharcando-lhe a mente. Ele apoiava a testa inclinada na mão, e as pessoas, espiando pela porta aberta, pois esta cena supostamente se passa de tardezinha, no verão... Mas como é chato isso, essa ficção histórica! Não tenho o mínimo interesse nisso. Adoraria ser capaz de topar com alguma cadeia agradável de pensamentos, uma cadeia que indiretamente refletisse minhas próprias qualidades, pois esses são os pensamentos mais agradáveis até mesmo, e com muita frequência, nas mentes de pessoas modestas e sem pretensão de brilho, que acreditam genuinamente que lhes desagrada ouvir seus próprios elogios. Não são pensamentos que enalteçam diretamente a si próprios; esta é a sua beleza; são pensamentos como este:

"E então entrei na sala. Estavam discutindo botânica. Eu disse que tinha visto uma flor crescendo num monte de lixo no terreno de uma casa velha em Kingsway. A semente, disse eu, devia ter sido plantada no reino de Carlos I. Que flores eram cultivadas no reino de Carlos I? perguntei... (mas não lembro a resposta). Flores altas com pendões roxos talvez. E por aí vai. Fico o tempo todo engalanando, simpaticamente, furtivamente, a minha própria imagem no pensamento, sem idolatrá-la abertamente, pois se o fizesse, eu me flagraria e logo estenderia a mão em busca de algum livro para me autoproteger. De fato, é curioso como, instintivamente, protegemos da idolatria, ou de qualquer outra maquiagem que a possa tornar ridícula ou diferente demais do original para que continuem a lhe dar crédito, a imagem que temos de nós. Ou isso não é assim tão curioso, afinal? Trata-se de uma questão

curious after all? It is a matter of great importance. Suppose the looking glass smashes, the image disappears, and the romantic figure with the green of forest depths all about it is there no longer, but only that shell of a person which is seen by other people—what an airless, shallow, bald, prominent world it becomes! A world not to be lived in. As we face each other in omnibuses and underground railways we are looking into the mirror; that accounts for the vagueness, the gleam of glassiness, in our eyes. And the novelists in future will realize more and more the importance of these reflections, for of course there is not one reflection but an almost infinite number; those are the depths they will explore, those the phantoms they will pursue, leaving the description of reality more and more out of their stories, taking a knowledge of it for granted, as the Greeks did and Shakespeare perhaps—but these generalizations are very worthless. The military sound of the word is enough. It recalls leading articles, cabinet ministers—a whole class of things indeed which as a child one thought the thing itself, the standard thing, the real thing, from which one could not depart save at the risk of nameless damnation. Generalizations bring back somehow Sunday in London, Sunday afternoon walks, Sunday luncheons, and also ways of speaking of the dead, clothes, and habits—like the habit of sitting all together in one room until a certain hour, although nobody liked it. There was a rule for everything. The rule for tablecloths at that particular period was that

de suma importância. Suponha que o espelho rache, a imagem desapareça, e a figura romântica, com todo o verde das profundezas das florestas à sua volta, não esteja mais ali, restando apenas aquela carapaça de pessoa que é vista pelos outros – que irrespirável, raso, árido, óbvio é o mundo em que ela se transforma. Um mundo para não se habitar. Quando nos entreolhamos nos ônibus e nos trens subterrâneos, é no espelho que estamos olhando; isso explica o vazio, o brilho vítreo em nossos olhos. E os romancistas do futuro compreenderão cada vez mais a importância desses reflexos, pois, naturalmente, não existe um reflexo só, mas um número quase infinito deles; são essas as profundezas que eles irão explorar, esses os fantasmas que irão perseguir, deixando a descrição da realidade cada vez mais fora de suas histórias, dando-a como coisa já sabida, como fizeram os gregos e talvez Shakespeare – mas essas generalizações não têm nenhum valor. O som militar da palavra é o que basta. Ele lembra artigos de fundo dos jornais, ministros do governo – toda uma classe de coisas, na verdade, que, como criança, pensávamos ser a coisa mesma, a coisa padrão, a coisa real, da qual não podíamos nos desviar sem pagar o preço de uma danação inominável. Generalizações trazem de volta, de algum modo, domingos em Londres, passeios dominicais depois do meio-dia, almoços dominicais, e também modos de falar dos mortos, roupas e hábitos – como o hábito de nos sentarmos todos juntos numa sala até certa hora, embora ninguém gostasse disso. Havia uma regra para tudo. A regra para as toalhas de mesa naquele período particular era que deviam

they should be made of tapestry with little yellow compartments marked upon them, such as you may see in photographs of the carpets in the corridors of the royal palaces. Tablecloths of a different kind were not real tablecloths. How shocking, and yet how wonderful it was to discover that these real things, Sunday luncheons, Sunday walks, country houses, and tablecloths were not entirely real, were indeed half phantoms, and the damnation which visited the disbeliever in them was only a sense of illegitimate freedom. What now takes the place of those things I wonder, those real standard things? Men perhaps, should you be a woman; the masculine point of view which governs our lives, which sets the standard, which establishes Whitaker's Table of Precedency, which has become, I suppose, since the war half a phantom to many men and women, which soon, one may hope, will be laughed into the dustbin where the phantoms go, the mahogany sideboards and the Landseer prints, Gods and Devils, Hell and so forth, leaving us all with an intoxicating sense of illegitimate freedom—if freedom exists....

In certain lights that mark on the wall seems actually to project from the wall. Nor is it entirely circular. I cannot be sure, but it seems to cast a perceptible shadow, suggesting that if I ran my finger down that strip of the wall it would, at a certain point, mount and descend a small tumulus, a smooth tumulus like those barrows on the South Downs which are, they say, either tombs or camps.

ser feitas de tapeçaria estampada, com pequenas molduras amarelas como as que se pode ver em fotografias de tapetes dos corredores dos palácios da realeza. Toalhas de mesa de tipo diferente não eram toalhas de mesa reais. Que chocante, e contudo que maravilhoso, era descobrir que essas coisas reais, almoços dominicais, passeios dominicais, casas de campo e toalhas de mesa não eram inteiramente reais, eram, na verdade, semifantasmas, e a danação que caía sobre quem descria delas não passava de uma sensação de ilegítima liberdade. O que, pergunto-me, assume agora o lugar daquelas coisas, daquelas coisas tidas como padrão, como reais? Homens, talvez, no caso de você ser mulher; o ponto de vista masculino que governa nossas vidas, que estabelece o padrão, que instaura a Tabela de Precedência de Whitaker, que se tornou, suponho eu, desde a guerra, um semifantasma para muitos homens e mulheres, e que logo, espera-se, será ridicularizado, indo parar na lata de lixo para a qual vão os fantasmas, os aparadores de mogno e as gravuras de Landseer, Deuses e Demônios, Inferno e assim por diante, deixando-nos com uma inebriante sensação de ilegítima liberdade – se é que a liberdade existe...

Sob certas luzes, a marca na parede parece realmente se projetar da parede. E também não é inteiramente circular. Não tenho certeza, mas ela parece estender uma sombra perceptível, sugerindo que, se eu deslizasse o dedo para baixo naquela faixa da parede, ele subiria e desceria, num determinado ponto, um pequeno monte, um suave monte, como aquelas elevações das South Downs, que, segundo dizem, ou são tumbas

Of the two I should prefer them to be tombs, desiring melancholy like most English people, and finding it natural at the end of a walk to think of the bones stretched beneath the turf.... There must be some book about it. Some antiquary must have dug up those bones and given them a name.... What sort of a man is an antiquary, I wonder? Retired Colonels for the most part, I daresay, leading parties of aged labourers to the top here, examining clods of earth and stone, and getting into correspondence with the neighbouring clergy, which, being opened at breakfast time, gives them a feeling of importance, and the comparison of arrow-heads necessitates cross-country journeys to the county towns, an agreeable necessity both to them and to their elderly wives, who wish to make plum jam or to clean out the study, and have every reason for keeping that great question of the camp or the tomb in perpetual suspension, while the Colonel himself feels agreeably philosophic in accumulating evidence on both sides of the question. It is true that he does finally incline to believe in the camp; and, being opposed, indites a pamphlet which he is about to read at the quarterly meeting of the local society when a stroke lays him low, and his last conscious thoughts are not of wife or child, but of the camp and that arrowhead there, which is now in the case at the local museum, together with the foot of a Chinese murderess, a handful of Elizabethan nails, a great many Tudor clay pipes, a piece of Roman

ou então acampamentos militares. Entre os dois, prefiro, num anseio por melancolia, que sejam tumbas, como a maioria dos ingleses, e achando natural no fim de um passeio pensar nos ossos espalhados sob a grama... Deve haver um livro a respeito. Algum antiquário deve ter escavado aquelas ossadas, dando-lhes um nome... Que espécie de homem, pergunto-me, é um antiquário? Em geral, coronéis reformados, ouso dizer, trazendo equipes de trabalhadores idosos até aqui em cima, examinando torrões e pedras, e em sincronia com o clero dos arredores, que está em pé desde bem cedinho, o que lhes dá uma sensação de importância, e a comparação entre as variadas pontas de flecha exige longas viagens às cidades do condado, uma exigência agradável tanto para eles quanto para suas idosas esposas, que anseiam por fazer geleia de ameixa ou limpar o escritório, e têm todo o interesse de manter aquela grande questão do acampamento ou tumba em perpétuo suspense, enquanto o próprio coronel se sente agradavelmente filosófico ao acumular evidência de ambos os lados da questão. É verdade que ele se inclina, afinal, por acreditar no acampamento; e, ao ser contestado, lavra um panfleto que está prestes a ler na reunião trimestral da associação local quando um ataque do coração o põe fora de combate, e seus últimos pensamentos conscientes não vão para a esposa ou o filho, mas para o acampamento e aquela ponta de flecha ali, que está agora num armário do museu local, juntamente com o pé de uma assassina chinesa, um punhado de pregos elisabetanos, uma quantidade imensa de tubos de barro da era Tudor, um caco de cerâmica

pottery, and the wine-glass that Nelson drank out of—proving I really don't know what.

No, no, nothing is proved, nothing is known. And if I were to get up at this very moment and ascertain that the mark on the wall is really—what shall we say?—the head of a gigantic old nail, driven in two hundred years ago, which has now, owing to the patient attrition of many generations of housemaids, revealed its head above the coat of paint, and is taking its first view of modern life in the sight of a white-walled fire-lit room, what should I gain?—Knowledge? Matter for further speculation? I can think sitting still as well as standing up. And what is knowledge? What are our learned men save the descendants of witches and hermits who crouched in caves and in woods brewing herbs, interrogating shrew-mice and writing down the language of the stars? And the less we honour them as our superstitions dwindle and our respect for beauty and health of mind increases…. Yes, one could imagine a very pleasant world. A quiet, spacious world, with the flowers so red and blue in the open fields. A world without professors or specialists or house-keepers with the profiles of policemen, a world which one could slice with one's thought as a fish slices the water with his fin, grazing the stems of the water-lilies, hanging suspended over nests of white sea eggs…. How peaceful it is down here, rooted in the centre of the world and gazing up through the grey waters, with their sudden

romana e a taça em que Nelson bebeu vinho – como prova, para falar a verdade, não sei de quê.

Não, não, nada está provado, nada se sabe. E se tivesse que me levantar neste exato momento para me certificar de que a marca na parede é realmente – o que devo dizer? – a cabeça de um prego velho gigantesco, cravado ali há uns duzentos anos, que agora, graças ao paciente atrito de muitas gerações de criadas, mostrou sua cabeça para além das demãos de tinta, e está tendo sua primeira visão da vida moderna no espetáculo de uma sala de parede branca iluminada pelo fogo, o que ganharia eu com isso? Conhecimento? Matéria para mais especulação? Posso pensar tão bem na cadeira, sem sair do lugar, quanto em pé. E o que é o conhecimento? O que são nossos homens de saber senão descendentes das bruxas e dos eremitas que se acocoravam em cavernas e no meio do mato macerando suas ervas, consultando musaranhos e transcrevendo a linguagem das estrelas? E lhes prestamos cada vez menos reverência, à medida que nossas superstições diminuem e aumenta nosso respeito pela beleza e pela saúde mental... Sim, podemos imaginar um mundo muito agradável. Um mundo tranquilo, cômodo, com as flores tão rubras e azuis dos campos comunais. Um mundo sem professores ou especialistas ou donas de casa com perfil de policial, um mundo que pudéssemos fender com o nosso pensamento, tal como um peixe fende a água com suas nadadeiras, roçando os caules dos nenúfares, pairando sobre ninhos de ouriços-do-mar brancos... Como é tranquilo aqui embaixo, com raízes plantadas no centro do mundo e olhando para cima através

gleams of light, and their reflections—if it were not for Whitaker's Almanack—if it were not for the Table of Precedency!

I must jump up and see for myself what that mark on the wall really is—a nail, a rose-leaf, a crack in the wood?

Here is nature once more at her old game of self-preservation. This train of thought, she perceives, is threatening mere waste of energy, even some collision with reality, for who will ever be able to lift a finger against Whitaker's Table of Precedency? The Archbishop of Canterbury is followed by the Lord High Chancellor; the Lord High Chancellor is followed by the Archbishop of York. Everybody follows somebody, such is the philosophy of Whitaker; and the great thing is to know who follows whom. Whitaker knows, and let that, so Nature counsels, comfort you, instead of enraging you; and if you can't be comforted, if you must shatter this hour of peace, think of the mark on the wall.

I understand Nature's game—her prompting to take action as a way of ending any thought that threatens to excite or to pain. Hence, I suppose, comes our slight contempt for men of action—men, we assume, who don't think. Still, there's no harm in putting a full stop to one's disagreeable thoughts by looking at a mark on the wall.

Indeed, now that I have fixed my eyes upon it, I feel that I have grasped a plank in the sea; I feel a satisfying sense of reality which at once turns the

de águas cinzentas, com seus repentinos lampejos de luz e seus reflexos — se não fosse pelo Almanaque de Whitaker — se não fosse pela Tabela de Precedência!

Devo saltar da poltrona e ver de perto o que é realmente aquela marca na parede — um prego, uma folha de roseira, uma rachadura na madeira?

Eis a natureza, uma vez mais, em seu velho jogo de autopreservação. Esta cadeia de pensamentos, percebe ela, está pressagiando um simples desperdício de energia, e até mesmo alguma colisão com a realidade, pois quem algum dia seria capaz de levantar um dedo contra a Tabela de Precedência de Whitaker? O Arcebispo de Canterbury vai à frente do Lorde Chanceler; o Lorde Chanceler vai à frente do Arcebispo de York. Todo mundo vai atrás de alguém, esta é a filosofia de Whitaker; e o importante é saber quem vai atrás de quem. Whitaker sabe, e deixe que isso, assim aconselha a Natureza, lhe sirva de alívio em vez de motivo de raiva; e se você se sentir aliviado, se você acha que deve arruinar esta hora de paz, pense na marca na parede.

Entendo o jogo da Natureza — seu estímulo à ação como forma de dar fim a qualquer pensamento que ameace exaltar ou causar dor. Daí, suponho eu, vem nosso leve desprezo pelos homens de ação — homens, presumimos, que não pensam. Ainda assim, não há dano algum em pôr um ponto final nos desagradáveis pensamentos suscitados por contemplar uma marca na parede.

Na verdade, agora que fixei o olhar nela, tenho a sensação de que me agarrei a uma tábua no meio do mar; experimento uma gratificante sensação de realidade,

two Archbishops and the Lord High Chancellor to the shadows of shades. Here is something definite, something real. Thus, waking from a midnight dream of horror, one hastily turns on the light and lies quiescent, worshipping the chest of drawers, worshipping solidity, worshipping reality, worshipping the impersonal world which is a proof of some existence other than ours. That is what one wants to be sure of…. Wood is a pleasant thing to think about. It comes from a tree; and trees grow, and we don't know how they grow. For years and years they grow, without paying any attention to us, in meadows, in forests, and by the side of rivers—all things one likes to think about. The cows swish their tails beneath them on hot afternoons; they paint rivers so green that when a moorhen dives one expects to see its feathers all green when it comes up again. I like to think of the fish balanced against the stream like flags blown out; and of water-beetles slowly raising domes of mud upon the bed of the river. I like to think of the tree itself: first the close dry sensation of being wood; then the grinding of the storm; then the slow, delicious ooze of sap. I like to think of it, too, on winter's nights standing in the empty field with all leaves close-furled, nothing tender exposed to the iron bullets of the moon, a naked mast upon an earth that goes tumbling, tumbling, all night long. The song of birds must sound very loud and strange in June; and how cold the feet of insects must feel upon it, as they make

que instantaneamente transforma os dois Arcebispos e o Lorde Chanceler em sombras de sombras. Eis aqui algo certo, real. Tal como, despertando de um sonho horroroso no meio da noite, ligeiro acendemos a luz e ficamos imóveis, idolatrando a cômoda, idolatrando a solidez, idolatrando a realidade, idolatrando o mundo impessoal que é prova de alguma existência que não a nossa. É disso que queremos estar seguros... A madeira é uma coisa agradável de se pensar. Ela vem de uma árvore; e árvores crescem, e nós não sabemos como elas crescem. Por anos e anos elas crescem, sem prestar nenhuma atenção em nós, nos matos, nas florestas e à beira dos rios – coisas, todas elas, sobre as quais gostamos de pensar. As vacas fazem o rabo de leque nas tardes quentes; elas pintam os rios de um verde tal que quando uma galinhola mergulha na água esperamos ver suas penas todas esverdeadas quando ela volta à tona. Gosto de pensar no peixe equilibrando-se contra a correnteza qual flâmula flutuando ao vento; e nos besouros aquáticos lentamente levantando domos de lama no leito do rio. Gosto de pensar na árvore simplesmente: primeiro, a sensação maciçamente seca de ser madeira; depois o ranger da tormenta; depois o lento, delicioso escoar da seiva. Também gosto de pensar nela de pé no descampado nas noites de inverno, com todas as folhas bem enroladas, sem nada de tenro exposto às balas de ferro da lua, um mastro nu em cima de uma terra que fica rodando, rodando, a noite toda. O canto dos pássaros deve soar muito alto e estranho em junho; e quanto frio os pés dos insetos nela trepados devem sentir à medida que fazem laboriosos progressos ao subir

laborious progresses up the creases of the bark, or sun themselves upon the thin green awning of the leaves, and look straight in front of them with diamond-cut red eyes.... One by one the fibres snap beneath the immense cold pressure of the earth, then the last storm comes and, falling, the highest branches drive deep into the ground again. Even so, life isn't done with; there are a million patient, watchful lives still for a tree, all over the world, in bedrooms, in ships, on the pavement, lining rooms, where men and women sit after tea, smoking cigarettes. It is full of peaceful thoughts, happy thoughts, this tree. I should like to take each one separately—but something is getting in the way.... Where was I? What has it all been about? A tree? A river? The Downs? Whitaker's Almanack? The fields of asphodel? I can't remember a thing. Everything's moving, falling, slipping, vanishing.... There is a vast upheaval of matter. Someone is standing over me and saying—

"I'm going out to buy a newspaper."

"Yes?"

"Though it's no good buying newspapers ... Nothing ever happens. Curse this war; God damn this war! ... All the same, I don't see why we should have a snail on our wall."

Ah, the mark on the wall! It was a snail.

as carquilhas da casca, ou tomam sol eles mesmos em cima dos delgados toldos verdes das folhas, olhando reto à sua frente com olhos rubros e prismáticos como diamante... Uma a uma, as fibras estalam sob a imensa pressão fria da terra, depois uma nova tormenta chega e, caindo, os galhos mais altos se enfiam fundo de novo no chão. Contudo, a vida não deu sua tarefa por encerrada; há ainda um milhão de vidas, pacientes, alertas, para uma árvore, por todo o mundo, em dormitórios, em navios, na pavimentação, revestindo salas, onde homens e mulheres se sentam após o chá, fumando cigarros. Ela é cheia de pensamentos tranquilos, alegres, esta árvore. Eu gostaria de tratar de cada uma delas em separado – mas algo está se metendo no caminho... Onde é que eu estava? De que se tratava? Uma árvore? Um rio? As Downs? O Almanaque de Whitaker? Os campos de asfódelo? Não consigo me lembrar de nada. Tudo se mexe, cai, desliza, desaparece... Há uma sublevação geral da matéria. Alguém está de pé por sobre o meu ombro, dizendo...

"Vou sair para comprar um jornal."

"Ah, é?"

"Embora não adiante de nada comprar jornais... Nunca acontece nada. Maldita guerra; que Deus amaldiçoe esta guerra!... De qualquer maneira, não vejo por que teríamos um caracol em nossa parede."

Ah, a marca na parede! Era um caracol.

[Publicado originalmente no livreto *Two Stories* (*Dois contos*), Hogarth Press, julho de 1917.]

Solid Objects

The only thing that moved upon the vast semicircle of the beach was one small black spot. As it came nearer to the ribs and spine of the stranded pilchard boat, it became apparent from a certain tenuity in its blackness that this spot possessed four legs; and moment by moment it became more unmistakable that it was composed of the persons of two young men. Even thus in outline against the sand there was an unmistakable vitality in them; an indescribable vigour in the approach and withdrawal of the bodies, slight though it was, which proclaimed some violent argument issuing from the tiny mouths of the little round heads. This was corroborated on closer view by the repeated lunging of a walking-stick on the right-hand side. "You mean to tell me.... You actually believe ..." thus the walking-stick on the right-hand side next the waves seemed to be asserting as it cut long straight stripes upon the sand.

"Politics be damned!" issued clearly from the body on the left-hand side, and, as these words were uttered, the mouths, noses, chins, little moustaches,

Objetos sólidos

A única coisa que se movia no vasto semicírculo da praia era um pequeno borrão negro. À medida que ele chegava mais perto das costelas e da espinha do barco de pesca encalhado, tornava-se evidente, em virtude de certa diluição de sua negrura, que esse borrão possuía quatro pernas; e a cada instante ficava mais inequívoco que ele era composto das figuras de dois moços. Mesmo assim, em esboço contra a areia, havia neles, por sutil que fosse, uma inequívoca vitalidade; um indescritível vigor no avanço e no recuo dos corpos que proclamava que alguma discussão violenta brotava das pequeninas bocas das cabecinhas redondas. Isso era confirmado, numa visão mais próxima, pela repetida estocada de uma bengala do lado direito. "Você pretende me dizer... Você realmente acredita..." era o que a bengala do lado direito, contígua às ondas, parecia estar afirmando, enquanto talhava longas listras retilíneas na areia.

"Que se dane a política!" era o que brotava claramente do corpo do lado esquerdo, e, à medida que essas palavras eram pronunciadas, a boca, o nariz, o queixo, o bigodinho,

tweed caps, rough boots, shooting coats, and check stockings of the two speakers became clearer and clearer; the smoke of their pipes went up into the air; nothing was so solid, so living, so hard, red, hirsute and virile as these two bodies for miles and miles of sea and sandhill.

They flung themselves down by the six ribs and spine of the black pilchard boat. You know how the body seems to shake itself free from an argument, and to apologize for a mood of exaltation; flinging itself down and expressing in the looseness of its attitude a readiness to take up with something new—whatever it may be that comes next to hand. So Charles, whose stick had been slashing the beach for half a mile or so, began skimming flat pieces of slate over the water; and John, who had exclaimed "Politics be damned!" began burrowing his fingers down, down, into the sand. As his hand went further and further beyond the wrist, so that he had to hitch his sleeve a little higher, his eyes lost their intensity, or rather the background of thought and experience which gives an inscrutable depth to the eyes of grown people disappeared, leaving only the clear transparent surface, expressing nothing but wonder, which the eyes of young children display. No doubt the act of burrowing in the sand had something to do with it. He remembered that, after digging for a little, the water oozes round your finger-tips; the hole then becomes a moat; a well; a spring; a secret channel to the sea. As he was choosing

o boné de tweed, as botas rústicas, o casaco de caça e as meias de xadrez de cada um dos interlocutores tornavam-se cada vez mais nítidos; a fumaça do cachimbo de um e outro subia pelo ar; nada, ao longo de quilômetros e quilômetros de mar e duna, era tão sólido, tão existente, tão duro, tão vermelho, hirsuto e viril quanto esses dois corpos.

Eles se arriaram ao lado das seis costelas e da espinha do barco de pesca negro. É sabido como o corpo parece se ver livre de uma discussão e se desculpar por algum tom um tanto exaltado: arriando-se e expressando, na descontração de sua postura, uma disposição a se ocupar de algo novo – qualquer coisa que esteja imediatamente ao alcance da mão. Assim, Charles, cuja bengala estivera estocando a praia ao longo de mais ou menos um quilômetro, se pôs a arremessar, em ricochete, lascas de ardósia à flor da água; e John, que exclamara "Que se dane a política!", começou a escavar fundo, cada vez mais fundo, a areia com os dedos. À medida que a mão avançava para além do punho, levando-o a arregaçar um pouco mais a manga, seus olhos perdiam a intensidade, ou melhor, aquele interior feito de pensamento e experiência que confere uma inescrutável profundidade aos olhos dos adultos desaparecia, restando apenas a superfície clara e transparente que nada exprime a não ser o maravilhamento exibido nos olhos das crianças muito pequenas. Nenhuma dúvida de que o ato de escavar a areia tinha algo a ver com isso. Ele lembrava que, após escavar um pouco, a água brotava em volta das pontas dos dedos; o buraco virava então um fosso; um poço; uma nascente; um canal secreto para o mar. Enquanto decidia, ainda trabalhando com os dedos na água, quais

which of these things to make it, still working his fingers in the water, they curled round something hard—a full drop of solid matter—and gradually dislodged a large irregular lump, and brought it to the surface. When the sand coating was wiped off, a green tint appeared. It was a lump of glass, so thick as to be almost opaque; the smoothing of the sea had completely worn off any edge or shape, so that it was impossible to say whether it had been bottle, tumbler or window-pane; it was nothing but glass; it was almost a precious stone. You had only to enclose it in a rim of gold, or pierce it with a wire, and it became a jewel; part of a necklace, or a dull, green light upon a finger. Perhaps after all it was really a gem; something worn by a dark Princess trailing her finger in the water as she sat in the stern of the boat and listened to the slaves singing as they rowed her across the Bay. Or the oak sides of a sunk Elizabethan treasure-chest had split apart, and, rolled over and over, over and over, its emeralds had come at last to shore. John turned it in his hands; he held it to the light; he held it so that its irregular mass blotted out the body and extended right arm of his friend. The green thinned and thickened slightly as it was held against the sky or against the body. It pleased him; it puzzled him; it was so hard, so concentrated, so definite an object compared with the vague sea and the hazy shore.

Now a sigh disturbed him—profound, final, making him aware that his friend Charles had thrown all the flat stones within reach, or had

dessas coisas fazer, eles se fecharam em torno de algo duro – uma bolota inteira de matéria sólida – e pouco a pouco desalojaram uma massa grande e irregular, trazendo-a à superfície. Quando a areia que a cobria foi removida, certa tonalidade de verde apareceu. Era um caco de vidro tão grosso que parecia quase opaco; o desgaste do mar fizera desaparecer inteiramente qualquer aresta ou forma, de maneira que era impossível dizer se tinha sido garrafa, copo ou vidraça; não era nada a não ser vidro; era quase uma pedra preciosa. Bastava engastá-lo numa argola de ouro, ou atravessá-lo com um fio, e virava uma joia – parte de um colar ou um brilho verde opaco num dedo. Talvez realmente fosse, afinal, uma pedra preciosa; algo exibido por uma princesa negra, sentada na popa do barco, rasgando a água com o dedo, a ouvir os escravos cantando, enquanto a conduziam, remando, pela baía. Ou as tábuas de carvalho das laterais de uma arca do tesouro elisabetana afundada tinham se partido, e rolando e rolando, rolando e rolando, suas esmeraldas tinham finalmente vindo dar à praia. John revirou-o nas mãos; segurou-o sob a luz; segurou-o de forma que sua massa irregular tapou o corpo e o braço direito estendido do amigo. O verde diluía-se ou adensava-se levemente conforme era segurado contra o céu ou contra o corpo. Era algo que o agradava; que o deslumbrava; era, em comparação com o vago mar e a esfumada praia, um objeto tão duro, tão concentrado, tão definido.

Agora um suspiro o perturbou – profundo, final, tornando-o consciente de que o amigo Charles tinha arremessado todas as pedras chatas ao seu alcance ou

come to the conclusion that it was not worth while to throw them. They ate their sandwiches side by side. When they had done, and were shaking themselves and rising to their feet, John took the lump of glass and looked at it in silence. Charles looked at it too. But he saw immediately that it was not flat, and filling his pipe he said with the energy that dismisses a foolish strain of thought:

"To return to what I was saying——"

He did not see, or if he had seen would hardly have noticed, that John, after looking at the lump for a moment, as if in hesitation, slipped it inside his pocket. That impulse, too, may have been the impulse which leads a child to pick up one pebble on a path strewn with them, promising it a life of warmth and security upon the nursery mantel-piece, delighting in the sense of power and benignity which such an action confers, and believing that the heart of the stone leaps with joy when it sees itself chosen from a million like it, to enjoy this bliss instead of a life of cold and wet upon the high road. "It might so easily have been any other of the millions of stones, but it was I, I, I!"

Whether this thought or not was in John's mind, the lump of glass had its place upon the mantelpiece, where it stood heavy upon a little pile of bills and letters, and served not only as an excellent paper-weight, but also as a natural stopping place for the young man's eyes when they wandered from his book. Looked at again and again half consciously by a mind thinking

tinha chegado à conclusão de que não lhe interessava mais arremessá-las. Sentados lado a lado, comeram os seus sanduíches. Quando terminaram, e estavam se sacudindo e se levantando, John pegou o caco de vidro e contemplou-o em silêncio. Charles também o contemplou. Mas ele logo viu que não era chato, e abastecendo o cachimbo, disse, com a veemência com que se descarta um disparatado esforço de pensamento:

"Para voltar ao que eu dizia..."

Ele não viu, ou, se viu, mal registrou, que John, após contemplar o caco de vidro por um instante, enfiou-o, como que hesitando, no bolso. Esse impulso pode ter sido o impulso que leva uma criança a escolher um seixo numa trilha coalhada deles, prometendo-lhe uma vida de aconchego e segurança sobre o console da lareira do quarto das crianças, deleitando-se com a sensação de poder e benevolência conferida por uma ação como essa, e acreditando que o coração da pedra pula de alegria ao se ver escolhida dentre milhões iguais a ela para desfrutar dessa benção em vez de uma vida de frio e umidade na estrada. "Muito facilmente podia ter sido qualquer outra dos milhões de pedras, mas fui eu, eu, eu!"

Estivesse esse pensamento na cabeça de John ou não, o fato é que o caco de vidro ganhou seu lugar no console da lareira, onde ficou, firme, em cima de uma pequena pilha de cartas e de contas a pagar, servindo não apenas como excelente peso de papéis, mas também como foco natural de pausa para os olhos do jovem quando eles se despregavam do livro. Contemplado, uma e outra vez, semiconscientemente, por uma mente

of something else, any object mixes itself so profoundly with the stuff of thought that it loses its actual form and recomposes itself a little differently in an ideal shape which haunts the brain when we least expect it. So John found himself attracted to the windows of curiosity shops when he was out walking, merely because he saw something which reminded him of the lump of glass. Anything, so long as it was an object of some kind, more or less round, perhaps with a dying flame deep sunk in its mass, anything—china, glass, amber, rock, marble—even the smooth oval egg of a prehistoric bird would do. He took, also, to keeping his eyes upon the ground, especially in the neighbourhood of waste land where the household refuse is thrown away. Such objects often occurred there—thrown away, of no use to anybody, shapeless, discarded. In a few months he had collected four or five specimens that took their place upon the mantelpiece. They were useful, too, for a man who is standing for Parliament upon the brink of a brilliant career has any number of papers to keep in order— addresses to constituents, declarations of policy, appeals for subscriptions, invitations to dinner, and so on.

One day, starting from his rooms in the Temple to catch a train in order to address his constituents, his eyes rested upon a remarkable object lying half-hidden in one of those little borders of grass which edge the bases of vast legal buildings.

concentrada em alguma outra coisa, qualquer objeto se mescla tão profundamente com a matéria do pensamento que perde sua forma real e se recompõe, um pouco diferentemente, sob uma forma ideal, que se aloja no cérebro quando menos se espera. John se viu, assim, atraído às vitrines dos brechós quando saía para caminhar simplesmente porque via algo que lembrava o caco de vidro. Qualquer coisa, desde que fosse um objeto de certo tipo, mais ou menos redondo, talvez com uma chama moribunda profundamente submersa em sua massa, qualquer coisa – porcelana, vidro, âmbar, rocha, mármore – servia, até mesmo o ovo liso de algum pássaro pré-histórico. Ele também adquiriu o hábito de ficar olhando para o chão, especialmente perto de terrenos baldios nos quais refugos domésticos são jogados fora. Objetos desse tipo ocorriam ali com frequência – jogados fora, sem serventia para ninguém, informes, descartados. Em poucos meses ele tinha juntado quatro ou cinco espécimes, que ganharam seu lugar no console da lareira. Também esses tinham sua utilidade, pois um homem que, no limiar de uma brilhante carreira, é candidato ao Parlamento, tem um bom número de papéis para manter em ordem – comunicados aos eleitores, declarações políticas, pedidos de contribuição financeira, convites para jantares e assim por diante.

Um dia, ao sair de seus aposentos no Temple para pegar um trem e ir a uma reunião com seus eleitores, seus olhos pousaram num notável objeto que estava meio escondido num daqueles gramados que circundam a base dos altos prédios ocupados por escritórios

He could only touch it with the point of his stick through the railings; but he could see that it was a piece of china of the most remarkable shape, as nearly resembling a starfish as anything—shaped, or broken accidentally, into five irregular but unmistakable points. The colouring was mainly blue, but green stripes or spots of some kind overlaid the blue, and lines of crimson gave it a richness and lustre of the most attractive kind. John was determined to possess it; but the more he pushed, the further it receded. At length he was forced to go back to his rooms and improvise a wire ring attached to the end of a stick, with which, by dint of great care and skill, he finally drew the piece of china within reach of his hands. As he seized hold of it he exclaimed in triumph. At that moment the clock struck. It was out of the question that he should keep his appointment. The meeting was held without him. But how had the piece of china been broken into this remarkable shape? A careful examination put it beyond doubt that the star shape was accidental, which made it all the more strange, and it seemed unlikely that there should be another such in existence. Set at the opposite end of the mantelpiece from the lump of glass that had been dug from the sand, it looked like a creature from another world—freakish and fantastic as a harlequin. It seemed to be pirouetting through space, winking light like a fitful star. The contrast between the china so vivid and alert, and the glass so mute and contemplative, fascinated him, and

jurídicos. Ele só conseguia atingi-lo tocando-o com a ponta da bengala, que ele fez passar pelas grades da cerca; mas podia ver que se tratava de um pedaço de porcelana com a mais notável das formas, mais parecido do que qualquer outra coisa com uma estrela-do-mar, esculturado – ou acidentalmente quebrado – com cinco irregulares mas inequívocas pontas. O colorido era sobretudo azul, mas listras verdes ou manchas de algum tipo se sobrepunham ao azul, e linhas carmesim lhe conferiam uma riqueza e um fulgor dos mais atrativos. John estava determinado a possuí-lo; mas quanto mais cutucava, mais ele retrocedia. Por fim, ele foi forçado a voltar para os seus aposentos e improvisar um artefato constituído de um aro de arame preso na ponta de uma vara, com o qual, graças a muito cuidado e jeito, ele finalmente trouxe o pedaço de porcelana para o alcance das mãos. Ao pegá-lo, deu um grito de triunfo. Naquele instante, o relógio soou. Não havia como manter o compromisso. A reunião ocorreu sem ele. Mas como o pedaço de porcelana tinha se partido para vir a adquirir essa notável forma? Um exame cuidadoso não deixava nenhuma dúvida de que o formato de estrela era acidental, o que tornava tudo ainda mais estranho, e parecia improvável que pudesse existir outro igual. Colocado sobre o console da lareira, no lado oposto ao do caco de vidro que tinha sido escavado da areia, parecia uma criatura do outro mundo – esquisito e fantástico como um arlequim. Parecia dar piruetas pelo espaço, tremeluzindo feito estrela intermitente. O contraste entre a porcelana, tão vívida e alerta, e o vidro, tão quieto e contemplativo, o fascinava e, maravilhado

wondering and amazed he asked himself how the two came to exist in the same world, let alone to stand upon the same narrow strip of marble in the same room. The question remained unanswered.

He now began to haunt the places which are most prolific of broken china, such as pieces of waste land between railway lines, sites of demolished houses, and commons in the neighbourhood of London. But china is seldom thrown from a great height; it is one of the rarest of human actions. You have to find in conjunction a very high house, and a woman of such reckless impulse and passionate prejudice that she flings her jar or pot straight from the window without thought of who is below. Broken china was to be found in plenty, but broken in some trifling domestic accident, without purpose or character. Nevertheless, he was often astonished, as he came to go into the question more deeply, by the immense variety of shapes to be found in London alone, and there was still more cause for wonder and speculation in the differences of qualities and designs. The finest specimens he would bring home and place upon his mantelpiece, where, however, their duty was more and more of an ornamental nature, since papers needing a weight to keep them down became scarcer and scarcer.

He neglected his duties, perhaps, or discharged them absent-mindedly, or his constituents when they visited him were unfavourably impressed by the appearance of his mantelpiece.

44

e perplexo, perguntava-se como os dois vieram a existir no mesmo mundo, sem falar do fato de terem vindo parar na mesma sala, na mesma e estreita faixa de mármore. A questão ficou sem resposta.

Ele começou então a frequentar os lugares mais abundantes em porcelana quebrada, tais como faixas vazias de terreno entre linhas ferroviárias, locais com casas demolidas e terras comunais nos arredores de Londres. Mas a porcelana raramente é jogada de uma grande altura; trata-se de uma das mais raras das ações humanas. É preciso encontrar, combinados, uma casa muito alta e uma mulher de um impulso tão temerário e de uma predisposição tão apaixonada que seja capaz de atirar seu jarro ou vaso da janela sem pensar em quem possa estar embaixo. Porcelana quebrada pode ser encontrada aos montes, mas quebrada em algum acidente doméstico trivial, sem propósito ou distinção. Entretanto, com frequência ele se espantava, à medida que se envolvia mais profundamente na questão, com a imensa variedade de formas encontradas, apenas na cidade de Londres, e havia ainda mais motivo para espanto e especulação no que dizia respeito às diferenças de qualidade e feitio. Os espécimes mais refinados ele levava para casa, pondo-os em cima do console da lareira, onde, entretanto, sua função era, cada vez mais, de natureza ornamental, pois os papéis que precisavam de peso para mantê-los no lugar se tornavam cada vez mais raros.

Talvez tivesse negligenciado seus deveres, ou deles tivesse se desincumbido distraidamente, ou seus eleitores, quando o visitavam, talvez tivessem ficado desfavoravelmente impressionados com a aparência do console de sua

At any rate he was not elected to represent them in Parliament, and his friend Charles, taking it much to heart and hurrying to condole with him, found him so little cast down by the disaster that he could only suppose that it was too serious a matter for him to realize all at once.

In truth, John had been that day to Barnes Common, and there under a furze bush had found a very remarkable piece of iron. It was almost identical with the glass in shape, massy and globular, but so cold and heavy, so black and metallic, that it was evidently alien to the earth and had its origin in one of the dead stars or was itself the cinder of a moon. It weighed his pocket down; it weighed the mantelpiece down; it radiated cold. And yet the meteorite stood upon the same ledge with the lump of glass and the star-shaped china.

As his eyes passed from one to another, the determination to possess objects that even surpassed these tormented the young man. He devoted himself more and more resolutely to the search. If he had not been consumed by ambition and convinced that one day some newly-discovered rubbish heap would reward him, the disappointments he had suffered, let alone the fatigue and derision, would have made him give up the pursuit. Provided with a bag and a long stick fitted with an adaptable hook, he ransacked all deposits of earth; raked beneath matted tangles of scrub; searched all alleys and spaces between

lareira. Fosse como fosse, ele não conseguiu ser eleito para representá-los no Parlamento, e seu amigo Charles, muito abalado com isso e se apressando em solidarizar-se com ele, encontrou-o tão pouco abatido pelo desastre que só podia supor que se tratava de assunto demasiadamente grave para que ele fosse capaz de absorver tudo de uma só vez.

Na verdade, John estivera naquele dia no terreno comunal de Barnes, e lá, embaixo de uma moita de tojo, encontrou um pedaço de ferro extraordinariamente notável. Era, quanto à forma, quase idêntico ao de vidro, maciço e globuloso, mas tão frio e pesado, tão negro e metálico, que era, evidentemente, alienígena à terra e tinha origem em alguma estrela morta, se é que não era a escória de alguma lua. Ele fazia pressão no seu bolso; ele fazia pressão no console da lareira; ele irradiava frio. E, contudo, o meteorito permaneceu no mesmo console, com o pedaço de vidro e a porcelana em forma de estrela.

À medida que seus olhos passavam de um para o outro, a determinação em possuir objetos que, no mínimo, superassem esses, atormentava o jovem. Ele se devotou cada vez mais decididamente à sua busca. Se não estivesse consumido pela ambição e convencido de que um dia seria recompensado com a descoberta de algum monte de lixo até então desconhecido, as decepções que sofrera, para não falar da fadiga e do escárnio, teriam feito com que ele desistisse de sua busca. Munido de uma bolsa e de uma vara comprida, equipada com um gancho adaptável, ele vasculhou todos os depósitos da terra; escarafunchou debaixo de tudo quanto era emaranhado de mato rasteiro; esquadrinhou todos os becos

walls where he had learned to expect to find objects of this kind thrown away. As his standard became higher and his taste more severe the disappointments were innumerable, but always some gleam of hope, some piece of china or glass curiously marked or broken, lured him on. Day after day passed. He was no longer young. His career—that is his political career—was a thing of the past. People gave up visiting him. He was too silent to be worth asking to dinner. He never talked to anyone about his serious ambitions; their lack of understanding was apparent in their behaviour.

He leaned back in his chair now and watched Charles lift the stones on the mantelpiece a dozen times and put them down emphatically to mark what he was saying about the conduct of the Government, without once noticing their existence.

"What was the truth of it, John?" asked Charles suddenly, turning and facing him. "What made you give it up like that all in a second?"

"I've not given it up," John replied.

"But you've not the ghost of a chance now," said Charles roughly.

"I don't agree with you there," said John with conviction. Charles looked at him and was profoundly uneasy; the most extraordinary doubts possessed him; he had a queer sense that they were talking about different things. He looked round to find some relief for his horrible depression, but the disorderly appearance of the room depressed

e espaços nos quais sabia ser provável encontrar objetos desse tipo e que tinham sido jogados fora. Como seus critérios se tornavam mais rigorosos, e seu gosto, mais exigente, as decepções eram enormes, mas algum raio de esperança, alguns pedaços de porcelana ou de vidro curiosamente marcados ou quebrados, mantinha-no sempre fisgado. Os dias foram se passando, um atrás do outro. Ele não era mais jovem. Sua carreira – quer dizer, a carreira política – era coisa do passado. As pessoas desistiram de visitá-lo. Ele era muito calado para valer a pena convidá-lo para jantar. Nunca falava com ninguém sobre suas sérias ambições; a incapacidade de compreensão das pessoas transparecia na sua atitude.

Estava agora reclinado na poltrona e observava Charles levantar as peças do console uma dúzia de vezes e voltar a pô-las no lugar para enfatizar o que estava dizendo a respeito da conduta do governo, sem registrar uma única vez a existência delas.

"Qual é a verdade disso tudo, John?", perguntou Charles de repente, virando-se e olhando-o de frente. "O que fez com que você largasse tudo num segundo, sem mais nem menos?"

"Eu não larguei tudo", respondeu John.

"Mas agora você não tem a mínima chance", disse Charles, asperamente.

"A esse respeito, não concordo com você", disse John, com convicção. Charles olhou para ele, sentindo-se profundamente embaraçado; foi assaltado pelas dúvidas mais extraordinárias; ele tinha a estranha sensação de que falavam sobre coisas diferentes. Olhou à volta em busca de algum alívio para sua terrível depressão, mas

him still further. What was that stick, and the old carpet bag hanging against the wall? And then those stones? Looking at John, something fixed and distant in his expression alarmed him. He knew only too well that his mere appearance upon a platform was out of the question.

"Pretty stones," he said as cheerfully as he could; and saying that he had an appointment to keep, he left John—for ever.

a aparência desordenada da sala deprimiu-o ainda mais. O que era aquela vara, e a bolsa velha feita de tapeçaria dependurada na parede? E aquelas pedras, então? Ao olhar para John, algo fixo e distante em sua expressão deixou-o alarmado. Ele sabia muito bem que sua simples aparição num comício era algo fora de questão.

"Belas pedras", disse ele, com a alegria que era possível; e, dizendo que tinha um compromisso agendado, deixou John – para sempre.

[Escrito em 1918/19, publicado na revista *The Athenaeum*, em 22 de outubro de 1920.]

Entreato: Fuga

The Legacy

"For Sissy Miller." Gilbert Clandon, taking up the pearl brooch that lay among a litter of rings and brooches on a little table in his wife's drawing-room, read the inscription: "For Sissy Miller, with my love."

It was like Angela to have remembered even Sissy Miller, her secretary. Yet how strange it was, Gilbert Clandon thought once more, that she had left everything in such order—a little gift of some sort for every one of her friends. It was as if she had foreseen her death. Yet she had been in perfect health when she left the house that morning, six weeks ago; when she stepped off the kerb in Piccadilly and the car had killed her.

He was waiting for Sissy Miller. He had asked her to come; he owed her, he felt, after all the years she had been with them, this token of consideration. Yes, he went on, as he sat there waiting, it was strange that Angela had left everything in such order. Every friend had been left some little token of her affection. Every ring, every necklace,

O legado

"Para Sissy Miller." Gilbert Clandon, pegando o broche de pérola que estava no meio de uma pilha de anéis e broches em cima de uma mesinha na sala de estar de sua esposa, leu a dedicatória: "Para Sissy Miller, com amor".

Era bem do feitio de Ângela ter se lembrado até de Sissy Miller, sua secretária. Mas como era estranho, pensou Gilbert Clandon mais uma vez, que ela tivesse deixado tudo na mais perfeita ordem — um presentinho de algum tipo para cada um de seus amigos. Era como se tivesse antevisto sua morte. Ela estava, entretanto, em perfeita saúde quando saiu de casa naquela manhã, há seis semanas; quando desceu da calçada em Piccadilly e foi atropelada por um carro, morrendo na hora.

Ele estava à espera de Sissy Miller. Havia pedido que ela viesse; devia-lhe, era o seu sentimento, após todos esses anos que ela estivera com eles, essa prova de consideração. Sim, continuou ele, ali sentado à sua espera, era estranho que Ângela tivesse deixado tudo tão em ordem. Cada um de seus amigos tinha sido agraciado com uma pequena prova de seu afeto. Cada anel, cada

every little Chinese box—she had a passion for little boxes—had a name on it. And each had some memory for him. This he had given her; this—the enamel dolphin with the ruby eyes— she had pounced upon one day in a back street in Venice. He could remember her little cry of delight. To him, of course, she had left nothing in particular, unless it were her diary. Fifteen little volumes, bound in green leather, stood behind him on her writing table. Ever since they were married, she had kept a diary. Some of their very few—he could not call them quarrels, say tiffs— had been about that diary. When he came in and found her writing, she always shut it or put her hand over it. "No, no, no," he could hear her say, "After I'm dead—perhaps." So she had left it him, as her legacy. It was the only thing they had not shared when she was alive. But he had always taken it for granted that she would outlive him. If only she had stopped one moment, and had thought what she was doing, she would be alive now. But she had stepped straight off the kerb, the driver of the car had said at the inquest. She had given him no chance to pull up…. Here the sound of voices in the hall interrupted him.

"Miss Miller, Sir," said the maid.

She came in. He had never seen her alone in his life, nor, of course, in tears. She was terribly distressed, and no wonder. Angela had been much more to her than an employer. She had been a friend. To himself, he thought, as he pushed a

colar, cada caixinha chinesa – ela tinha uma paixão por caixinhas – trazia um nome inscrito. E, para ele, cada uma dessas coisas carregava uma lembrança. Isto ele tinha dado para ela; disto – o golfinho esmaltado, com olhos de rubi – ela tinha se atirado em cima, um dia, numa viela em Veneza. Ele se lembrava de seu gritinho de prazer. Naturalmente, para ele não tinha deixado nada em particular, exceto, talvez, seu diário. Quinze pequenos volumes, encadernados em couro verde, estavam atrás dele, em cima da escrivaninha dela. Desde quando se casaram, ela mantinha um diário. Algumas de suas raras, digamos, rusgas – ele não podia chamá-las de brigas – tinham sido motivadas por esse diário. Quando chegava em casa e a encontrava escrevendo, ela sempre o fechava ou o cobria com a mão. "Não, não, não", podia ouvi-la dizendo, "depois que eu morrer – talvez." Assim, ela o deixara para ele, como seu legado. Era a única coisa que não tinham partilhado quando ela estava viva. Mas ele sempre dera como certo que ela sobreviveria a ele. Se ela apenas tivesse parado por um instante, e pensado no que estava fazendo, agora estaria viva. Mas tinha descido da calçada sem parar, dissera o motorista no inquérito. Ela não tinha dado nenhuma oportunidade de ele frear... Aqui, ele foi interrompido pelo som de vozes no vestíbulo.

"A srta. Miller, senhor", disse a criada.

Ela entrou. Ele nunca a tinha visto a sós antes, muito menos, claro, em lágrimas. Ela estava extremamente perturbada, o que não era nenhuma surpresa. Ângela fora para ela mais que uma patroa. Fora uma amiga. Para ele, pensou, enquanto empurrava-lhe uma cadeira,

chair for her and asked her to sit down, she was scarcely distinguishable from any other woman of her kind. There were thousands of Sissy Millers—drab little women in black carrying attaché cases. But Angela, with her genius for sympathy, had discovered all sorts of qualities in Sissy Miller. She was the soul of discretion; so silent; so trustworthy, one could tell her anything, and so on.

Miss Miller could not speak at first. She sat there dabbing her eyes with her pocket handkerchief. Then she made an effort.

"Pardon me, Mr. Clandon," she said.

He murmured. Of course he understood. It was only natural. He could guess what his wife had meant to her.

"I've been so happy here," she said, looking round. Her eyes rested on the writing table behind him. It was here they had worked—she and Angela. For Angela had her share of the duties that fall to the lot of a prominent politician's wife. She had been the greatest help to him in his career. He had often seen her and Sissy sitting at that table—Sissy at the typewriter, taking down letters from her dictation. No doubt Miss Miller was thinking of that, too. Now all he had to do was to give her the brooch his wife had left her. A rather incongruous gift it seemed. It might have been better to have left her a sum of money, or even the typewriter. But there it was—"For Sissy Miller, with my love." And, taking the brooch, he gave it her with the little speech that he had prepared. He knew, he said,

convidando-a a sentar-se, ela mal se distinguia de qualquer outra mulher de seu tipo. Havia milhares de Sissys Millers — uma mulherzinha apagada, vestida de preto e carregando pastas porta-documentos. Mas Ângela, com seu gênio para a compreensão humana, tinha descoberto todos os tipos de qualidades em Sissy Miller. Ela era a discrição em pessoa; tão silenciosa; tão confiável, que se podia contar-lhe qualquer coisa, e assim por diante.

No começo, a srta. Miller não conseguia falar. Ficou ali sentada, enxugando os olhos com o lencinho. Então, ela fez um esforço.

"Desculpe-me, sr. Clandon", disse ela.

Ele murmurou algo. Claro que ele compreendia. Era muito natural. Ele podia adivinhar o que sua esposa significara para ela.

"Fui muito feliz aqui", disse ela, olhando em volta. Seus olhos pousaram na escrivaninha atrás dele. Era aqui que elas trabalhavam — ela e Ângela. Pois Ângela tivera sua cota das tarefas que se esperam da esposa de um político importante. Ela tinha sido da maior ajuda em sua carreira. Com frequência, ele as via, ela e Sissy, sentadas à escrivaninha — Sissy à máquina de escrever, datilografando cartas que ela ditava. Sem dúvida, a srta. Miller também estava pensando nisso. Agora tudo o que ele tinha a fazer era dar-lhe o broche que a esposa tinha lhe deixado. Parecia um presente um tanto disparatado. Teria sido melhor ter-lhe deixado uma quantia em dinheiro, ou mesmo a máquina de escrever. Mas ele ali estava — "Para Sissy Miller, com amor". E, pegando o broche, passou-o para ela, com o pequeno discurso que havia preparado. Estava certo, disse ele,

that she would value it. His wife had often worn it.... And she replied, as she took it almost as if she too had prepared a speech, that it would always be a treasured possession.... She had, he supposed, other clothes upon which a pearl brooch would not look quite so incongruous. She was wearing the little black coat and skirt that seemed the uniform of her profession. Then he remembered—she was in mourning, of course. She, too, had had her tragedy—a brother, to whom she was devoted, had died only a week or two before Angela. In some accident was it? He could not remember—only Angela telling him. Angela, with her genius for sympathy, had been terribly upset. Meanwhile Sissy Miller had risen. She was putting on her gloves. Evidently she felt that she ought not to intrude. But he could not let her go without saying something about her future. What were her plans? Was there any way in which he could help her?

She was gazing at the table, where she had sat at her typewriter, where the diary lay. And, lost in her memories of Angela, she did not at once answer his suggestion that he should help her. She seemed for a moment not to understand. So he repeated:

"What are your plans, Miss Miller?"

"My plans? Oh, that's all right, Mr. Clandon," she exclaimed. "Please don't bother yourself about me."

He took her to mean that she was in no need of financial assistance. It would be better,

de que ela o valorizaria. Sua esposa usava-o com frequência... E ela respondeu, ao recebê-lo, quase como se também ela tivesse preparado um discurso, que ele sempre seria um objeto muito estimado... Ela tinha, supunha ele, outras roupas nas quais um broche de pérola não pareceria tão disparatado. Ela estava vestindo a saia e o casaquinho pretos que pareciam ser o uniforme de sua profissão. Então ele se lembrou – ela estava de luto, claro. Também ela tinha tido sua tragédia – um irmão, ao qual ela era devotada, morrera apenas uma semana ou duas antes de Ângela. Nalgum acidente, não? Ele não conseguia se lembrar muito bem – apenas de Ângela contando-lhe a história. Ângela, com seu gênio para a compreensão humana, tinha ficado terrivelmente abalada. Nesse meio tempo, Sissy Miller se levantara. Estava pondo as luvas. Evidentemente, ela sentia que não era para se intrometer. Mas ele não podia deixá-la ir embora sem dizer alguma coisa sobre seu futuro. Quais eram seus planos? Ele podia ajudá-la de algum modo?

Ela estava olhando fixamente para a escrivaninha, onde ela costumava se sentar à máquina de escrever, onde estava o diário. E, perdida nas lembranças que guardava de Ângela, ela não reagiu imediatamente à sugestão dele de que podia ajudá-la. Por um instante, ela pareceu não compreender. Então, ele repetiu:

"Quais são seus planos, srta. Miller?"

"Meus planos? Ah, está tudo bem, sr. Clandon", exclamou ela. "Por favor, não se preocupe comigo."

Ele entendeu que ela queria dizer que não precisava de nenhuma ajuda financeira. Seria melhor, ele

he realized, to make any suggestion of that kind in a letter. All he could do now was to say as he pressed her hand, "Remember, Miss Miller, if there's any way in which I can help you, it will be a pleasure...." Then he opened the door. For a moment, on the threshold, as if a sudden thought had struck her, she stopped.

"Mr. Clandon," she said, looking straight at him for the first time, and for the first time he was struck by the expression, sympathetic yet searching, in her eyes. "If at any time," she continued, "there's anything I can do to help you, remember, I shall feel it, for your wife's sake, a pleasure...."

With that she was gone. Her words and the look that went with them were unexpected. It was almost as if she believed, or hoped, that he would need her. A curious, perhaps a fantastic idea occurred to him as he returned to his chair. Could it be, that during all those years when he had scarcely noticed her, she, as the novelists say, had entertained a passion for him? He caught his own reflection in the glass as he passed. He was over fifty; but he could not help admitting that he was still, as the looking-glass showed him, a very distinguished-looking man.

"Poor Sissy Miller!" he said, half laughing. How he would have liked to share that joke with his wife! He turned instinctively to her diary. "Gilbert," he read, opening it at random, "looked so wonderful...." It was as if she had answered his question. Of course, she seemed to say, you're very attractive to women. Of course Sissy Miller

se deu conta, fazer qualquer sugestão desse tipo numa carta. Tudo o que ele conseguia fazer agora era dizer, enquanto apertava sua mão: "Lembre-se, srta. Miller, se eu puder lhe ajudar de algum modo, será um prazer...". Então, ele abriu a porta. Por um instante, já na soleira, como se tivesse lhe ocorrido um pensamento repentino, ela parou.

"Sr. Clandon", disse, olhando diretamente para ele pela primeira vez, e pela primeira vez ele ficou impressionado com a expressão, simpática, mas inquisidora, de seus olhos. "Se em algum momento", ela continuou, "houver algo em que eu possa ajudá-lo, lembre-se, será, pelo respeito que eu tinha à sua esposa, um prazer para mim..."

Com isso, ela foi embora. Suas palavras e o olhar que as acompanhou foram inesperados. Era quase como se ela acreditasse, ou esperasse, que ele viria a precisar dela. Uma ideia curiosa, fantasiosa talvez, ocorreu-lhe ao voltar para a poltrona. Era possível que, durante todos esses anos, quando ele mal a notava, ela, como dizem os romancistas, tivesse alimentado uma paixão por ele? No caminho, ele flagrou o próprio reflexo no espelho. Tinha passado dos cinquenta; mas não podia deixar de admitir que ainda era, como lhe mostrava o espelho, um homem de aparência muito distinta.

"Pobre Sissy Miller!", disse ele, meio que rindo. Como teria gostado de partilhar esta brincadeira com a esposa! Ele se voltou instintivamente para o seu diário. "Gilbert", leu, abrindo-o ao acaso, "parecia tão maravilhoso..." Era como se ela tivesse respondido a sua pergunta. Naturalmente, ela parecia dizer, você é muito atraente para as mulheres. Naturalmente, Sissy Miller

felt that too. He read on. "How proud I am to be his wife!" And he had always been very proud to be her husband. How often, when they dined out somewhere, he had looked at her across the table and said to himself, She is the loveliest woman here! He read on. That first year he had been standing for Parliament. They had toured his constituency. "When Gilbert sat down the applause was terrific. The whole audience rose and sang: 'For he's a jolly good fellow.' I was quite overcome." He remembered that, too. She had been sitting on the platform beside him. He could still see the glance she cast at him, and how she had tears in her eyes. And then? He turned the pages. They had gone to Venice. He recalled that happy holiday after the election. "We had ices at Florians." He smiled—she was still such a child; she loved ices. "Gilbert gave me a most interesting account of the history of Venice. He told me that the Doges ..." she had written it all out in her schoolgirl hand. One of the delights of travelling with Angela had been that she was so eager to learn. She was so terribly ignorant, she used to say, as if that were not one of her charms. And then—he opened the next volume—they had come back to London. "I was so anxious to make a good impression. I wore my wedding dress." He could see her now sitting next old Sir Edward; and making a conquest of that formidable old man, his chief. He read on rapidly, filling in scene after scene from her scrappy fragments.

também tinha esse sentimento. Continuou lendo. "Como me orgulho de ser sua esposa!" E ele sempre se orgulhara de ser seu marido. Quantas vezes, quando jantavam fora em algum lugar, ele a tinha olhado por sobre a mesa e dito para si mesmo: Das mulheres aqui presentes, ela é a mais adorável! Ele continuou a ler. Naquele primeiro ano ele se candidatara ao Parlamento. Eles tinham viajado, fazendo campanha na sua zona eleitoral. "Quando Gilbert se sentou, o aplauso foi magnífico. O público inteiro se levantou, cantando: 'Pois ele é bom companheiro'. Fiquei muito emocionada." Ele também se lembrava disso. Ela estava sentada ao seu lado, na plataforma. Ele ainda podia ver os olhares que ela lhe dirigia, e como os seus olhos estavam cheios de lágrimas. E depois? Ele virava as páginas. Eles tinham ido a Veneza. Ele se lembrava daquelas felizes férias após as eleições. "Saboreamos sorvetes no Florian." Ele sorriu – ela era uma criança ainda; ela adorava sorvete. "Gilbert me fez o mais interessante dos relatos sobre a história de Veneza. Ele me falou que os doges...", ela registrara tudo em sua caligrafia de menina em idade escolar. Um dos prazeres de viajar com Ângela era o fato de ela ser tão ávida por aprender. Ela era tão terrivelmente ignorante, ela costumava dizer, como se esse não fosse um de seus charmes. E então... ele abriu o volume seguinte – eles estavam de volta a Londres. "Eu estava tão ansiosa por causar uma boa impressão. Estava com o vestido do casamento." Ele podia vê-la ainda agora sentada ao lado do velho sir Edward; e conquistando aquele formidável ancião, seu superior. Ele continuou a ler rapidamente, preenchendo uma cena atrás da outra a partir de seus

"Dined at the House of Commons.... To an evening party at the Lovegroves. Did I realize my responsibility, Lady L. asked me, as Gilbert's wife?" Then, as the years passed—he took another volume from the writing table—he had become more and more absorbed in his work. And she, of course, was more often alone.... It had been a great grief to her, apparently, that they had had no children. "How I wish," one entry read, "that Gilbert had a son!" Oddly enough he had never much regretted that himself. Life had been so full, so rich as it was. That year he had been given a minor post in the government. A minor post only, but her comment was: "I am quite certain now that he will be Prime Minister!" Well, if things had gone differently, it might have been so. He paused here to speculate upon what might have been. Politics was a gamble, he reflected; but the game wasn't over yet. Not at fifty. He cast his eyes rapidly over more pages, full of the little trifles, the insignificant, happy, daily trifles that had made up her life.

He took up another volume and opened it at random. "What a coward I am! I let the chance slip again. But it seemed selfish to bother him with my own affairs, when he has so much to think about. And we so seldom have an evening alone." What was the meaning of that? Oh, here was the explanation—it referred to her work in the East End. "I plucked up courage and talked to Gilbert at last. He was so kind, so good. He

esparsos fragmentos. "Ceia na Câmara dos Comuns... Uma noite festiva na casa dos Lovegroves. Dava-me conta de minha responsabilidade, perguntou-me lady L., como esposa de Gilbert?" Então, à medida que os anos passavam – ele pegou outro volume da escrivaninha – ele tinha ficado cada vez mais absorvido em seu trabalho. E ela, naturalmente, estava mais frequentemente sozinha... Doía-lhe muito, aparentemente, que não tivessem tido filhos. "Como gostaria", lia-se num registro, "que Gilbert tivesse um filho!" Por mais estranho que fosse, ele próprio nunca lamentara muito isso. A vida fora tão plena, tão rica do jeito que foi. Naquele ano, ele fora nomeado para um cargo secundário no governo. Apenas um cargo secundário, mas o comentário dela foi: "Agora tenho bastante certeza de que ele será primeiro ministro!". Bom, se as coisas tivessem ocorrido de outro jeito, poderia muito bem ter sido assim. Aqui ele fez uma pausa para especular sobre o que poderia ter sido. A política era um jogo de azar, refletiu ele; mas a partida ainda não terminara. Não aos cinquenta. Ele passou os olhos rapidamente por mais páginas, cheias de ninharias – das insignificantes, felizes, cotidianas ninharias que tinham constituído a vida dela.

Ele pegou outro volume, abrindo-o ao acaso. "Que covarde sou! Deixei de novo escapar a oportunidade. Mas parecia egoísta importuná-lo com minhas coisas quando ele tinha tanto em que pensar. E nós tão raramente tínhamos uma noite a sós." O que significava aquilo? Ah, aqui estava a explicação – referia-se ao trabalho dela no West End. "Criei coragem e finalmente falei com Gilbert. Ele foi tão generoso, tão bom. Não

made no objection." He remembered that conversation. She had told him that she felt so idle, so useless. She wished to have some work of her own. She wanted to do something—she had blushed so prettily, he remembered, as she said it, sitting in that very chair—to help others. He had bantered her a little. Hadn't she enough to do looking after him, after her home? Still, if it amused her, of course he had no objection. What was it? Some district? Some committee? Only she must promise not to make herself ill. So it seemed that every Wednesday she went to Whitechapel. He remembered how he hated the clothes she wore on those occasions. But she had taken it very seriously, it seemed. The diary was full of references like this: "Saw Mrs. Jones.... She has ten children.... Husband lost his arm in an accident.... Did my best to find a job for Lily." He skipped on. His own name occurred less frequently. His interest slackened. Some of the entries conveyed nothing to him. For example: "Had a heated argument about socialism with B. M." Who was B. M.? He could not fill in the initials; some woman, he supposed, that she had met on one of her committees. "B. M. made a violent attack upon the upper classes.... I walked back after the meeting with B. M. and tried to convince him. But he is so narrow-minded." So B. M. was a man—no doubt one of those "intellectuals," as they call themselves, who are so violent, as Angela said, and so narrow-minded. She

fez nenhuma objeção." Ele se lembrava dessa conversa. Ela lhe tinha dito que se sentia tão ociosa, tão inútil. Gostaria de ter algum trabalho próprio. Queria fazer alguma coisa – ela corou tão graciosamente, lembrava-se ele, ao dizer isso, sentada naquela mesma cadeira – para ajudar os outros. Ele tinha brincado um pouco com ela. Já não era demais para ela ter que cuidar dele, da casa? De qualquer maneira, se isso lhe distraía, naturalmente ele não tinha nenhuma objeção. De que se tratava? Algum bairro? Alguma comissão? Ela só precisava prometer não arriscar a saúde. Assim, aparentemente, toda quarta-feira, ela ia até Whitechapel. Lembrava-se de como ele detestava as roupas que ela tinha que usar nessas ocasiões. Mas aparentemente ela tinha tomado a tarefa muito a sério. O diário estava cheio de referências como esta: "Visitei a srta. Jones... Ela tem dez filhos... O marido perdeu o braço num acidente... Fiz o que pude para conseguir um emprego para Lily". Ele foi pulando. Seu próprio nome ocorria com menos frequência. Seu interesse diminuiu. Alguns dos registros não lhe diziam nada. Por exemplo: "Tive uma calorosa discussão sobre socialismo com B. M.". Quem era B. M.? Ele não conseguia decifrar as iniciais; alguma mulher, supunha, que ela conhecera em alguma de suas comissões. "B. M. atacou violentamente as classes superiores... Caminhei, na volta, depois da reunião, com B. M. e tentei convencê-lo. Mas ele tem uma mente muito rígida." Então, B. M. era um homem – sem dúvida, um daqueles "intelectuais", como eles se autointitulam, que são muito violentos, como disse Ângela, e têm uma mente muito rígida.

had invited him to come and see her apparently. "B. M. came to dinner. He shook hands with Minnie!" That note of exclamation gave another twist to his mental picture. B. M., it seemed, wasn't used to parlourmaids; he had shaken hands with Minnie. Presumably he was one of those tame working men who air their views in ladies' drawing-rooms. Gilbert knew the type, and had no liking for this particular specimen, whoever B. M. might be. Here he was again. "Went with B. M. to the Tower of London…. He said revolution is bound to come…. He said we live in a Fool's Paradise." That was just the kind of thing B. M. would say—Gilbert could hear him. He could also see him quite distinctly—a stubby little man, with a rough beard, red tie, dressed as they always did in tweeds, who had never done an honest day's work in his life. Surely Angela had the sense to see through him? He read on. "B. M. said some very disagreeable things about ——." The name was carefully scratched out. "I told him I would not listen to any more abuse of ——" Again the name was obliterated. Could it have been his own name? Was that why Angela covered the page so quickly when he came in? The thought added to his growing dislike of B. M. He had had the impertinence to discuss him in this very room. Why had Angela never told him? It was very unlike her to conceal anything; she had been the soul of candour. He turned the pages, picking out every reference

Aparentemente, ela o tinha convidado à casa para vê-la. "B. M. veio para o jantar. Ele apertou as mãos de Minnie!" Aquela observação exclamativa causou outra reviravolta no quadro mental que ele traçara. Ao que parecia, B. M. não estava acostumado com criadas; ele tinha apertado as mãos de Minnie. Ele era, supostamente, um daqueles trabalhadores afáveis que propalavam suas opiniões na sala de estar das damas. Gilbert conhecia o tipo, e não tinha qualquer simpatia por esse espécime em particular, quem quer que B. M. pudesse ser. Ei-lo aqui de novo. "Fui com B. M. à Torre de Londres... Ele disse que a revolução é iminente... Ele disse que vivemos num Paraíso de Tolos." Esse era exatamente o tipo de coisa que B. M. diria – Gilbert parecia ouvi-lo. Ele também parecia vê-lo muito nitidamente – um homenzinho atarracado, com uma barba rebelde, gravata vermelha, vestido, como sempre faziam, em tweed, que nunca tinha trabalhado honestamente um dia sequer na vida. Ângela teria, certamente, a perspicácia de vê-lo por quem ele verdadeiramente era? Ele continuou lendo. "B. M. disse algumas coisas muito desagradáveis sobre..." O nome tinha sido cuidadosamente riscado. "Disse a ele que não ia ouvir mais nenhuma ofensa a..." De novo, o nome tinha sido suprimido. Seria o nome dele? Teria sido por isso que Ângela cobria a página tão rapidamente quando ele entrava? Esse pensamento aumentou ainda mais sua crescente antipatia por B. M. Tivera o descaramento de falar sobre ele aqui nesta mesma sala. Por que Ângela nunca lhe contara? Estava longe de ser o estilo dela esconder qualquer coisa; ela era a

to B. M. "B. M. told me the story of his childhood. His mother went out charring.... When I think of it, I can hardly bear to go on living in such luxury.... Three guineas for one hat!" If only she had discussed the matter with him, instead of puzzling her poor little head about questions that were much too difficult for her to understand! He had lent her books. *Karl Marx*, *The Coming Revolution*. The initials B. M., B. M., B. M., recurred repeatedly. But why never the full name? There was an informality, an intimacy in the use of initials that was very unlike Angela. Had she called him B. M. to his face? He read on. "B. M. came unexpectedly after dinner. Luckily, I was alone." That was only a year ago. "Luckily"—why luckily?—"I was alone." Where had he been that night? He checked the date in his engagement book. It had been the night of the Mansion House dinner. And B. M. and Angela had spent the evening alone! He tried to recall that evening. Was she waiting up for him when he came back? Had the room looked just as usual? Were there glasses on the table? Were the chairs drawn close together? He could remember nothing—nothing whatever, nothing except his own speech at the Mansion House dinner. It became more and more inexplicable to him—the whole situation: his wife receiving an unknown man alone. Perhaps the next volume would explain. Hastily he reached for the last of the diaries—the one she had left

sinceridade em pessoa. Ele virava as páginas, prestando atenção em qualquer referência a B. M. "B. M. me contou a história de sua infância. A mãe dele fazia trabalho de faxina como diarista... Quando penso nisso, fica muito difícil continuar com esta vida de riqueza... Três moedas de ouro por um chapéu!" Se ao menos ela tivesse discutido o assunto com ele, em vez de confundir sua pobre cabecinha com questões que eram difíceis demais para ela compreender! Ele lhe emprestara livros. *Karl Marx*; *A revolução vindoura*. As iniciais B. M., B. M., B. M. se repetiam o tempo todo. Mas por que nunca o nome inteiro? Havia uma informalidade, uma intimidade no uso das iniciais que não se parecia nada com Ângela. Será que, pessoalmente, ela se dirigia a ele usando as iniciais B. M.? Ele continuou lendo. "B. M. veio inesperadamente após o jantar. Por sorte, eu estava sozinha." Isso foi há apenas um ano. "Por sorte" – por que por sorte? – "eu estava sozinha." Onde estivera ele naquela noite? Ele conferiu a data na sua agenda. Tinha sido a noite do jantar na Mansion House. E B. M. e Ângela tinham passado a noite a sós! Tentou rememorar aquela noite. Ela estava à sua espera quando ele voltou? A sala tinha a aparência de sempre? Os copos estavam sobre a mesa? Os sofás estavam bem juntinhos? Ele não conseguia se lembrar de nada – de absolutamente nada, nada a não ser seu discurso no jantar da Mansion House. Tornava-se cada vez mais inexplicável para ele... a situação toda: sua esposa recebendo um homem estranho a sós. Talvez o volume seguinte trouxesse a explicação. Ele pegou rápido o último volume – aquele que ela tinha deixado

unfinished when she died. There, on the very first page, was that cursed fellow again. "Dined alone with B. M.…. He became very agitated. He said it was time we understood each other…. I tried to make him listen. But he would not. He threatened that if I did not …" the rest of the page was scored over. She had written "Egypt. Egypt. Egypt," over the whole page. He could not make out a single word; but there could be only one interpretation: the scoundrel had asked her to become his mistress. Alone in his room! The blood rushed to Gilbert Clandon's face. He turned the pages rapidly. What had been her answer? Initials had ceased. It was simply "he" now. "He came again. I told him I could not come to any decision…. I implored him to leave me." He had forced himself upon her in this very house. But why hadn't she told him? How could she have hesitated for an instant? Then: "I wrote him a letter." Then pages were left blank. Then there was this: "No answer to my letter." Then more blank pages; and then this: "He has done what he threatened." After that—what came after that? He turned page after page. All were blank. But there, on the very day before her death, was this entry: "Have I the courage to do it too?" That was the end.

Gilbert Clandon let the book slide to the floor. He could see her in front of him. She was standing on the kerb in Piccadilly. Her eyes stared; her fists were clenched. Here came the car….

incompleto quando morreu. Ali, bem na primeira página, estava de novo aquele maldito sujeito. "Jantar a sós com B. M.... Ele estava muito agitado. Disse que estava na hora de nós nos entendermos... Tentei fazer com que ele me ouvisse. Mas ele se negava. Ele ameaçou que se eu não...", o resto da página estava cheio de riscos. Ela tinha escrito "Egito. Egito. Egito", pela página inteira. Ele não conseguia decifrar uma única palavra; mas aquilo só podia ter uma interpretação: o patife tinha lhe pedido que ela se tornasse sua amante. A sós na sala dele! O sangue subiu ao rosto de Gilbert Clandon. Ele virava as páginas rapidamente. Qual tinha sido a resposta dela? As iniciais não apareciam mais. Agora era simplesmente "ele". "Ele veio de novo. Disse-lhe que não podia chegar a nenhuma conclusão... Implorei-lhe que me deixasse." Ele a tinha constrangido aqui nesta mesma casa. Mas por que ela não me contou? Como pôde ela ter hesitado por um único instante? Depois: "Escrevi-lhe uma carta". Depois, várias páginas em branco. Depois havia isso: "Nenhuma resposta à minha carta". Depois, mais páginas em branco; e depois isto: "Ele fez o que tinha ameaçado". Depois disso... o que vinha depois disso? Ele virava uma página atrás da outra. Todas em branco. Mas ali, na véspera mesmo de sua morte, havia este registro: "Tenho eu a coragem de também fazê-lo?". Era o fim.

Gilbert Clandon deixou que o livro caísse no chão. Podia vê-la à sua frente. Ela estava parada no meio-fio em Piccadilly. Os olhos dela olhavam fixos à frente; os punhos estavam cerrados. Aqui vinha o carro...

He could not bear it. He must know the truth. He strode to the telephone.

"Miss Miller!" There was silence. Then he heard someone moving in the room.

"Sissy Miller speaking"—her voice at last answered him.

"Who," he thundered, "is B. M.?"

He could hear the cheap clock ticking on her mantelpiece; then a long drawn sigh. Then at last she said:

"He was my brother."

He *was* her brother; her brother who had killed himself. "Is there," he heard Sissy Miller asking, "anything that I can explain?"

"Nothing!" he cried. "Nothing!"

He had received his legacy. She had told him the truth. She had stepped off the kerb to rejoin her lover. She had stepped off the kerb to escape from him.

Ele não conseguia suportar. Tinha de saber a verdade. Correu para o telefone.

"Srta. Miller!" Silêncio do outro lado. Então ele ouviu os passos de alguém andando na sala de lá.

"Sissy Miller ao telefone" – sua voz finalmente respondeu.

"Quem", ele trovejou, "é B. M.?"

Ele podia ouvir o relógio barato fazendo tique-taque em cima da lareira; depois, um prolongado suspiro. Depois, por fim, ela disse:

"Era meu irmão."

Ele *era* seu irmão; o irmão que se matara. "Haveria", ele ouviu Sissy Miller perguntando, "alguma coisa que eu pudesse explicar?"

"Nada!", ele exclamou. "Nada!"

Ele recebera seu legado. Ela lhe dissera a verdade. Ela descera da calçada para se juntar ao amante. Ela descera da calçada para fugir dele.

[Escrito em outubro de 1940; publicado postumamente em *A casa assombrada e outros contos*, 1944.]

Ato II: Fusão

The Lady in the Looking-Glass
A Reflection

People should not leave looking-glasses hanging in their rooms any more than they should leave open cheque books or letters confessing some hideous crime. One could not help looking, that summer afternoon, in the long glass that hung outside in the hall. Chance had so arranged it. From the depths of the sofa in the drawing-room one could see reflected in the Italian glass not only the marble-topped table opposite, but a stretch of the garden beyond. One could see a long grass path leading between banks of tall flowers until, slicing off an angle, the gold rim cut it off.

The house was empty, and one felt, since one was the only person in the drawing-room, like one of those naturalists who, covered with grass and leaves, lie watching the shyest animals—badgers, otters, kingfishers—moving about freely, themselves unseen. The room that afternoon was full of such shy creatures, lights and shadows, curtains blowing, petals falling—things that never happen,

A dama no espelho
Uma reflexão

As pessoas não deveriam deixar espelhos pendurados pela casa, tanto quanto não deveriam deixar cartas ou talões de cheque abertos por aí confessando algum crime horrível. A gente não podia deixar de ver, naquela tarde de verão, o espelho grande que estava pendurado do lado de fora do saguão. O acaso assim determinara. Das profundezas do sofá na sala de estar a gente podia ver refletidos no espelho italiano não apenas a mesa com tampo de mármore do lado oposto, mas também um trecho do jardim mais adiante. Podia ver uma longa trilha de grama que seguia por entre carreiras de flores altas até que, fazendo uma curva, a borda dourada a amputava.

A casa estava vazia, e a gente se sentia, por ser a única pessoa na sala de estar, como um daqueles naturalistas que, coberto de folhas e capim, fica observando os mais ariscos dos animais – texugos, lontras, martins-pescadores, também eles camuflados – andando livremente ao redor. A sala, naquela tarde, estava cheia dessas criaturas ariscas, de luzes e sombras, de cortinas balançando ao vento, de pétalas caindo – coisas que nunca

so it seems, if someone is looking. The quiet old country room with its rugs and stone chimney pieces, its sunken book-cases and red and gold lacquer cabinets, was full of such nocturnal creatures. They came pirouetting across the floor, stepping delicately with high-lifted feet and spread tails and pecking allusive beaks as if they had been cranes or flocks of elegant flamingoes whose pink was faded, or peacocks whose trains were veiled with silver. And there were obscure flushes and darkenings too, as if a cuttlefish had suddenly suffused the air with purple; and the room had its passions and rages and envies and sorrows coming over it and clouding it, like a human being. Nothing stayed the same for two seconds together.

But, outside, the looking-glass reflected the hall table, the sunflowers, the garden path so accurately and so fixedly that they seemed held there in their reality unescapably. It was a strange contrast—all changing here, all stillness there. One could not help looking from one to the other. Meanwhile, since all the doors and windows were open in the heat, there was a perpetual sighing and ceasing sound, the voice of the transient and the perishing, it seemed, coming and going like human breath, while in the looking-glass things had ceased to breathe and lay still in the trance of immortality.

Half an hour ago the mistress of the house, Isabella Tyson, had gone down the grass path in her thin summer dress, carrying a basket, and had

acontecem, ao que parece, se alguém estiver olhando. A velha e tranquila sala campestre, com seus tapetes e suas lareiras de pedra, suas vergadas estantes de livros e seus armários laqueados de vermelho e dourado, estava apinhada dessas criaturas noturnas. Elas chegavam rodopiando pelo assoalho, pisando delicadamente com patas erguidas e rabos estendidos e alusivos bicos pontiagudos, como se tivessem sido gruas ou bandos de elegantes flamingos cujo rosa tivesse desbotado, ou pavões cujas caudas estivessem cobertas de prata. E havia também jorros escuros e turvações como se uma lula tivesse de repente inundado o ar de sépia; e a sala tinha suas paixões e raivas e invejas e pesares, que dela se apossavam, deixando-a, tal como um ser humano, anuviada. Nada permanecia o mesmo por dois segundos seguidos.

Mas do lado de fora, o espelho refletia a mesa do saguão, os girassóis, a trilha do jardim, tão acurada e fixamente que tudo isso parecia inescapavelmente retido ali em toda a sua realidade. Era um contraste estranho – tudo mudando aqui, tudo imóvel ali. A gente não conseguia deixar de mover o olhar de uma coisa para a outra. Entrementes, como todas as portas e janelas estavam abertas por causa do calor, havia um perpétuo som de gemido que começava e parava, a voz, ao que parecia, do transitório e do efêmero, indo e vindo como o fôlego humano, enquanto no espelho as coisas tinham parado de respirar e jaziam imóveis no transe da imortalidade.

Meia hora antes, a dona da casa, Isabella Tyson, tinha descido pela trilha de grama, em seu vestido leve de verão, carregando uma cesta, e tinha desaparecido,

vanished, sliced off by the gilt rim of the looking-glass. She had gone presumably into the lower garden to pick flowers; or as it seemed more natural to suppose, to pick something light and fantastic and leafy and trailing, travellers' joy, or one of those elegant sprays of convolvulus that twine round ugly walls and burst here and there into white and violet blossoms. She suggested the fantastic and the tremulous convolvulus rather than the upright aster, the starched zinnia, or her own burning roses alight like lamps on the straight posts of their rose trees. The comparison showed how very little, after all these years, one knew about her; for it is impossible that any woman of flesh and blood of fifty-five or sixty should be really a wreath or a tendril. Such comparisons are worse than idle and superficial—they are cruel even, for they come like the convolvulus itself trembling between one's eyes and the truth. There must be truth; there must be a wall. Yet it was strange that after knowing her all these years one could not say what the truth about Isabella was; one still made up phrases like this about convolvulus and travellers' joy. As for facts, it was a fact that she was a spinster; that she was rich; that she had bought this house and collected with her own hands—often in the most obscure corners of the world and at great risk from poisonous stings and Oriental diseases—the rugs, the chairs, the cabinets which now lived their nocturnal life before one's eyes. Sometimes it seemed as if they knew more about her than we, who sat on them, wrote at them, and

amputada pela borda dourada do espelho. Ela fora, supostamente, até o jardim dos fundos colher flores; ou, como parecia mais natural supor, fora colher algo leve e fantástico e frondoso e rasteiro, uma clematite, ou um daqueles elegantes ramos de convólvulos que se enovelam em muros feios, explodindo aqui e ali em flores brancas e roxas. Mais do que o aprumado áster, ela sugeria o fantástico e trêmulo convólvulo, a empertigada zínia ou suas próprias e ardentes rosas, acesas como lâmpadas nos esteios retos das roseiras. A comparação mostrava quão pouco, após todos esses anos, a gente sabia sobre ela; pois é impossível que qualquer mulher de carne e osso, de cinquenta e cinco ou sessenta anos, possa realmente ser uma guirlanda ou uma gavinha. Tais comparações são mais do que fúteis e superficiais – elas são até cruéis, pois elas se interpõem, tremulando, tal como o próprio convólvulo, entre os olhos da gente e a verdade. A verdade deve existir; deve existir um muro. Era, contudo, estranho que, tendo-a conhecido por todos esses anos, a gente não fosse capaz de dizer, no que concerne a Isabella, qual era a verdade; a gente ainda inventava frases como essa sobre convólvulo e clematite. Quanto aos fatos, era um fato que ela era uma solteirona; que era rica; que comprara esta casa e formava coleções com as próprias mãos – muitas vezes nos cantos mais obscuros do mundo e correndo o risco de picadas venenosas e doenças orientais – os tapetes, os sofás, os armários que agora viviam sua vida noturna diante dos olhos da gente. Às vezes, era como se eles soubessem mais sobre ela do que a nós – que nos sentávamos

trod on them so carefully, were allowed to know. In each of these cabinets were many little drawers, and each almost certainly held letters, tied with bows of ribbon, sprinkled with sticks of lavender or rose leaves. For it was another fact—if facts were what one wanted—that Isabella had known many people, had had many friends; and thus if one had the audacity to open a drawer and read her letters, one would find the traces of many agitations, of appointments to meet, of upbraidings for not having met, long letters of intimacy and affection, violent letters of jealousy and reproach, terrible final words of parting—for all those interviews and assignations had led to nothing—that is, she had never married, and yet, judging from the mask-like indifference of her face, she had gone through twenty times more of passion and experience than those whose loves are trumpeted forth for all the world to hear. Under the stress of thinking about Isabella, her room became more shadowy and symbolic; the corners seemed darker, the legs of chairs and tables more spindly and hieroglyphic.

Suddenly these reflections were ended violently and yet without a sound. A large black form loomed into the looking-glass; blotted out everything, strewed the table with a packet of marble tablets veined with pink and grey, and was gone. But the picture was entirely altered. For the moment it was unrecognizable and irrational and entirely out of focus. One could not relate these tablets to any human purpose. And

neles, escrevíamos neles e pisávamos neles tão cuidadosamente – era permitido saber. Em cada um desses armários, havia muitas gavetinhas, e cada uma delas quase certamente continha cartas, entremeadas com talos de alfazema ou folhas de rosa e amarradas com laços de fita. Pois também era fato – se fatos é o que a gente quer – que Isabella conhecera muitas pessoas, tivera muitos amigos; e, assim, se a gente tivesse a audácia de abrir uma gaveta e ler suas cartas, encontraria as pistas de muitas comoções, de compromissos a honrar, de reprovações por não tê-los honrado, longas cartas de intimidade e afeto, violentas cartas de ciúme e acusação, terríveis palavras finais de despedida – pois todos aqueles encontros e escapadas tinham dado em nada – isto é, ela nunca se casara e, contudo, a julgar pela disfarçada indiferença de seu rosto, ela tinha tido vinte vezes mais paixões e experiências do que aqueles cujos amores são trombeteados para o mundo inteiro ouvir. Sob a tensão de pensar sobre Isabella, sua sala tornou-se mais sombria e simbólica; os cantos pareciam mais escuros, as pernas das cadeiras e mesas, mais espigadas e hieroglíficas.

De repente, essas reflexões foram encerradas violentamente, mas sem nenhum som. Uma forma grande negra esboçou-se no espelho; ela obscureceu tudo, espalhou um maço de plaquetas marmóreas raiadas de rosa e cinza pela mesa, e sumiu. Mas o quadro estava inteiramente alterado. Por enquanto, estava irreconhecível e irracional e inteiramente fora de foco. A gente não conseguia relacionar essas plaquetas a nenhum propósito humano. E então, pouco a pouco, algum

then by degrees some logical process set to work on them and began ordering and arranging them and bringing them into the fold of common experience. One realized at last that they were merely letters. The man had brought the post.

There they lay on the marble-topped table, all dripping with light and colour at first and crude and unabsorbed. And then it was strange to see how they were drawn in and arranged and composed and made part of the picture and granted that stillness and immortality which the looking-glass conferred. They lay there invested with a new reality and significance and with a greater heaviness, too, as if it would have needed a chisel to dislodge them from the table. And, whether it was fancy or not, they seemed to have become not merely a handful of casual letters but to be tablets graven with eternal truth—if one could read them, one would know everything there was to be known about Isabella, yes, and about life, too. The pages inside those marble-looking envelopes must be cut deep and scored thick with meaning. Isabella would come in, and take them, one by one, very slowly, and open them, and read them carefully word by word, and then with a profound sigh of comprehension, as if she had seen to the bottom of everything, she would tear the envelopes to little bits and tie the letters together and lock the cabinet drawer in her determination to conceal what she did not wish to be known.

The thought served as a challenge. Isabella did not wish to be known—but she should no longer

processo lógico pôs-se a agir sobre elas, ordenando-as e arranjando-as e trazendo-as para o domínio da experiência cotidiana. A gente compreendia, por fim, que elas eram simplesmente cartas. O homem tinha trazido o correio.

Ali jaziam elas na mesa de tampo de mármore, todas pingando luz e cor no começo, e ainda brutas e não assimiladas. E então era estranho ver como elas se aproximavam e se arranjavam e se compunham e se tornavam parte do quadro e lhes era concedida aquela quietude e imortalidade que o espelho conferia. Elas jaziam ali, investidas de uma nova realidade e significação e também de maior peso, como se fosse preciso um cinzel para desalojá-las da mesa. E, fantasia ou não, elas não davam a impressão de terem simplesmente virado um punhado de cartas fortuitas, mas de serem plaquetas gravadas com a verdade eterna – se a gente conseguisse lê-las, saberia tudo o que há para saber sobre Isabella, sim, e também sobre a vida. As páginas dentro daqueles envelopes com aparência de mármore deviam estar profundamente sulcadas e densamente entalhadas com significado. Isabella iria entrar, e pegá-las, uma por uma, muito lentamente, e abri-las, lendo-as com cuidado, palavra por palavra, e depois com um profundo suspiro de compreensão, como se tivesse visto o fundo de tudo, ela iria rasgar os envelopes em pedacinhos e amarrar as cartas todas e trancar a gaveta do armário, em sua determinação para esconder o que ela não queria que fosse conhecido.

O pensamento funcionava como um desafio. Isabella não queria ser conhecida – mas ela não devia

escape. It was absurd, it was monstrous. If she concealed so much and knew so much one must prize her open with the first tool that came to hand—the imagination. One must fix one's mind upon her at that very moment. One must fasten her down there. One must refuse to be put off any longer with sayings and doings such as the moment brought forth—with dinners and visits and polite conversations. One must put oneself in her shoes. If one took the phrase literally, it was easy to see the shoes in which she stood, down in the lower garden, at this moment. They were very narrow and long and fashionable—they were made of the softest and most flexible leather. Like everything she wore, they were exquisite. And she would be standing under the high hedge in the lower part of the garden, raising the scissors that were tied to her waist to cut some dead flower, some overgrown branch. The sun would beat down on her face, into her eyes; but no, at the critical moment a veil of cloud covered the sun, making the expression of her eyes doubtful—was it mocking or tender, brilliant or dull? One could only see the indeterminate outline of her rather faded, fine face looking at the sky. She was thinking, perhaps, that she must order a new net for the strawberries; that she must send flowers to Johnson's widow; that it was time she drove over to see the Hippesleys in their new house. Those were the things she talked about at dinner certainly. But one was tired of the things that she talked about at dinner. It was her profounder state of being that one wanted to catch and

mais fugir. Era absurdo, era monstruoso. Se ela escondia tanto e sabia tanto, a gente devia abri-la à força com o único instrumento disponível – a imaginação. Nesse exato momento, a gente devia fixar a mente nela. Prendê-la bem forte ali dentro. Devia se negar a continuar sendo retardado por palavras e atividades ditadas pelo momento – por jantares e visitas e conversas civilizadas. Devia buscar saber onde lhe apertavam os sapatos. Se a gente tomasse a frase literalmente, seria fácil ver os sapatos que ela calçava neste momento, lá no jardim dos fundos. Eram sapatos muito estreitos e compridos e da última moda – eram feitos do mais macio e flexível dos couros. Como tudo que ela usava, eles eram refinados. E ela estaria debaixo da sebe alta, bem no fundo do jardim, erguendo a tesoura que levava presa à cintura para cortar alguma flor seca, algum galho que tinha crescido demais. O sol bateria em cheio no seu rosto, nos seus olhos; mas não, no momento crítico, um véu de nuvem cobriria o sol, tornando a expressão de seus olhos duvidosa – seria ela irônica ou terna, brilhante ou estúpida? A gente conseguia ver apenas o contorno indefinido de seu rosto, um tanto fino, contemplando o céu. Ela estava pensando, talvez, que devia encomendar uma nova rede para os morangos; que devia enviar flores para a viúva de Johnson; que era hora de ir fazer uma visita aos Hippesleys em sua nova casa. Essas eram coisas sobre as quais certamente falava durante o jantar. Mas a gente estava cansada das coisas sobre as quais ela falava durante o jantar. Era seu mais profundo estado de ser que a gente queria captar e verter em palavras,

turn to words, the state that is to the mind what breathing is to the body, what one calls happiness or unhappiness. At the mention of those words it became obvious, surely, that she must be happy. She was rich; she was distinguished; she had many friends; she travelled—she bought rugs in Turkey and blue pots in Persia. Avenues of pleasure radiated this way and that from where she stood with her scissors raised to cut the trembling branches while the lacy clouds veiled her face.

Here with a quick movement of her scissors she snipped the spray of travellers' joy and it fell to the ground. As it fell, surely some light came in too, surely one could penetrate a little farther into her being. Her mind then was filled with tenderness and regret.... To cut an overgrown branch saddened her because it had once lived, and life was dear to her. Yes, and at the same time the fall of the branch would suggest to her how she must die herself and all the futility and evanescence of things. And then again quickly catching this thought up, with her instant good sense, she thought life had treated her well; even if fall she must, it was to lie on the earth and moulder sweetly into the roots of violets. So she stood thinking. Without making any thought precise— for she was one of those reticent people whose minds hold their thoughts enmeshed in clouds of silence—she was filled with thoughts. Her mind was like her room, in which lights advanced and retreated, came pirouetting and stepping delicately,

aquele estado que é, para o espírito, o que a respiração é para o corpo, aquilo que a gente chama de felicidade ou infelicidade. À menção dessas palavras, tornava-se certamente óbvio que ela devia ser feliz. Era rica; era distinta; tinha muitos amigos; viajava – comprava tapetes na Turquia e vasos azuis na Pérsia. Veredas de prazer iluminavam este pedaço de jardim e aquele outro, onde ela se postava com sua tesoura erguida para cortar ramos tremulantes enquanto nuvens rendadas velavam-lhe o rosto.

Aqui, com um rápido movimento da tesoura, ela cortou o ramo de clematite, que caiu no chão. Ao cair, com certeza deixou entrar alguma luz, com certeza a gente podia penetrar um pouco mais a fundo em seu ser. Sua mente encheu-se então de ternura e pesar... Cortar um galho que tinha crescido demais deixava-a triste porque ele um dia fora vivo, e a vida lhe era preciosa. Sim, e, ao mesmo tempo, a queda do galho lhe sugeria que também ela devia morrer, junto com toda a futilidade e a evanescência das coisas. E então, de novo, rapidamente suspendendo, com seu instintivo bom senso, esse pensamento, ela pensou que a vida a tratara bem; se devesse mesmo tombar, seria para repousar sobre a terra e suavemente desfazer-se em pó por entre as raízes das violetas. Assim, ficou ali em pé, pensando. Sem tornar preciso nenhum pensamento – pois ela era uma daquelas pessoas reservadas cujas mentes mantêm seus pensamentos enredados em nuvens de silêncio – ela estava repleta deles. Sua mente era como sua sala, na qual as luzes avançavam e recuavam, chegavam rodopiando e pisando delicadamente, espalhavam

spread their tails, pecked their way; and then her whole being was suffused, like the room again, with a cloud of some profound knowledge, some unspoken regret, and then she was full of locked drawers, stuffed with letters, like her cabinets. To talk of "prizing her open" as if she were an oyster, to use any but the finest and subtlest and most pliable tools upon her was impious and absurd. One must imagine—here was she in the looking-glass. It made one start.

She was so far off at first that one could not see her clearly. She came lingering and pausing, here straightening a rose, there lifting a pink to smell it, but she never stopped; and all the time she became larger and larger in the looking-glass, more and more completely the person into whose mind one had been trying to penetrate. One verified her by degrees—fitted the qualities one had discovered into this visible body. There were her grey-green dress, and her long shoes, her basket, and something sparkling at her throat. She came so gradually that she did not seem to derange the pattern in the glass, but only to bring in some new element which gently moved and altered the other objects as if asking them, courteously, to make room for her. And the letters and the table and the grass walk and the sunflowers which had been waiting in the looking-glass separated and opened out so that she might be received among them. At last there she was, in the hall. She stopped dead. She stood by the table. She stood perfectly still. At once the looking-glass began

suas caudas, abriam seu caminho às bicadas; e então seu ser inteiro era coberto, de novo, tal como a sala, pela nuvem de algum conhecimento profundo, de algum lamento mudo, e então ela ficava cheia de gavetas trancadas, entupidas de cartas, como os seus armários. Falar de "forçá-la a abrir-se" como se ela fosse uma ostra, usando nela quaisquer outros instrumentos que não os mais delicados e sutis e flexíveis, era ímpio e absurdo. A gente devia imaginar – ei-la aqui no espelho. Isso fez com que a gente se sobressaltasse.

Ela estava tão longe no começo que a gente não conseguia vê-la claramente. Ela veio devagar e com interrupções, aqui ajeitando uma rosa, ali erguendo um cravo para cheirá-lo, mas nunca parando de todo; e se tornava o tempo todo cada vez maior no espelho, cada vez mais completamente a pessoa em cuja mente a gente esteve tentando penetrar. A gente a conferia aos poucos, ajustando as qualidades que tinha descoberto em seu corpo visível. Havia o seu vestido verde-cinza, e seus sapatos compridos, sua cesta, e algo cintilante na garganta. Ela vinha tão aos poucos que não parecia desarranjar o motivo no espelho, mas apenas introduzir algum elemento novo que delicadamente movia e alterava os outros objetos como que lhes pedindo, cortesmente, que abrissem espaço para ela. E as cartas e a mesa e a trilha de grama e os girassóis, que tinham ficado esperando no espelho, se separavam e se espalhavam de modo que ela pudesse ser recebida entre eles. Por fim, ali estava ela, no saguão. Ela ficou paralisada. Ficou ao lado da mesa. Ficou perfeitamente imóvel. O espelho imediatamente começou

to pour over her a light that seemed to fix her; that seemed like some acid to bite off the unessential and superficial and to leave only the truth. It was an enthralling spectacle. Everything dropped from her—clouds, dress, basket, diamond—all that one had called the creeper and convolvulus. Here was the hard wall beneath. Here was the woman herself. She stood naked in that pitiless light. And there was nothing. Isabella was perfectly empty. She had no thoughts. She had no friends. She cared for nobody. As for her letters, they were all bills. Look, as she stood there, old and angular, veined and lined, with her high nose and her wrinkled neck, she did not even trouble to open them.

People should not leave looking-glasses hanging in their rooms.

a derramar sobre ela uma luz que parecia fixá-la; que parecia um ácido que corroía o inessencial e superficial, deixando restar apenas a verdade. Era um espetáculo arrebatador. Tudo caía dela – nuvens, vestido, cesta, diamante – tudo que a gente tinha chamado de trepadeira e convólvulo. Aqui estava o muro duro por baixo. Aqui estava a mulher em si. Ela ficou nua sob aquela impiedosa luz. E não havia nada. Isabella estava perfeitamente vazia. Não tinha pensamento algum. Não tinha amigos. Não se importava com ninguém. Quanto às cartas, eram contas a pagar. Vejam só, ali postada, velha e angulosa, cheia de veias e de linhas, com seu nariz empinado e sua nuca enrugada, ela nem sequer se preocupou em abri-las.

As pessoas não deveriam deixar espelhos pendurados pela casa.

[Escrito em maio de 1929, publicado na *Harper's Magazine* em dezembro de 1929.]

Kew Gardens

From the oval-shaped flower-bed there rose perhaps a hundred stalks spreading into heart-shaped or tongue-shaped leaves half way up and unfurling at the tip red or blue or yellow petals marked with spots of colour raised upon the surface; and from the red, blue or yellow gloom of the throat emerged a straight bar, rough with gold dust and slightly clubbed at the end. The petals were voluminous enough to be stirred by the summer breeze, and when they moved, the red, blue and yellow lights passed one over the other, staining an inch of the brown earth beneath with a spot of the most intricate colour. The light fell either upon the smooth, grey back of a pebble, or, the shell of a snail with its brown, circular veins, or falling into a raindrop, it expanded with such intensity of red, blue and yellow the thin walls of water that one expected them to burst and disappear. Instead, the drop was left in a second silver grey once more, and the light now settled upon the flesh of a leaf, revealing the branching thread

Kew Gardens

Do canteiro de flores ovalado erguia-se talvez uma centena de caules que da metade para cima se desdobravam em folhas com formato de coração ou de língua e na ponta desfraldavam pétalas vermelhas, azuis ou amarelas, estampadas em relevo com manchas de cores variadas; e da obscuridade vermelha, azul ou amarela da goela emergia uma haste reta, rugosa, polvilhada de dourado e levemente mais espessa no final. As pétalas eram volumosas o bastante para serem sopradas pela brisa de verão e quando se mexiam as luzes vermelhas, azuis e amarelas passavam umas por sobre as outras, borrando dois dedos da terra marrom embaixo com uma mancha colorida das mais intrincadas. A luz caía ou bem sobre as lisas costas cinzentas de um seixo, ou bem sobre a carapaça de um caracol, com suas circulares veias marrons, ou então, ao cair no meio de uma gota de chuva, expandia com tal intensidade de vermelho, azul e amarelo as delicadas paredes de água que se imaginava que elas fossem estourar e sumir. Em vez disso, num segundo, a gota ficou de novo cinza-prateado, e a luz agora se fixava na carne de uma folha,

of fibre beneath the surface, and again it moved on and spread its illumination in the vast green spaces beneath the dome of the heart-shaped and tongue-shaped leaves. Then the breeze stirred rather more briskly overhead and the colour was flashed into the air above, into the eyes of the men and women who walk in Kew Gardens in July.

The figures of these men and women straggled past the flower-bed with a curiously irregular movement not unlike that of the white and blue butterflies who crossed the turf in zig-zag flights from bed to bed. The man was about six inches in front of the woman, strolling carelessly, while she bore on with greater purpose, only turning her head now and then to see that the children were not too far behind. The man kept this distance in front of the woman purposely, though perhaps unconsciously, for he wished to go on with his thoughts.

"Fifteen years ago I came here with Lily," he thought. "We sat somewhere over there by a lake and I begged her to marry me all through the hot afternoon. How the dragonfly kept circling round us: how clearly I see the dragonfly and her shoe with the square silver buckle at the toe. All the time I spoke I saw her shoe and when it moved impatiently I knew without looking up what she was going to say: the whole of her seemed to be in her shoe. And my love, my desire, were in the dragonfly; for some reason I thought that if it settled there, on that leaf, the broad one with the red

revelando a ramificada tessitura da fibra sob a superfície, e continuou em frente, espalhando sua luminosidade pelos vastos espaços verdes sob o domo das folhas em forma de coração e de língua. Então, um pouco acima, a brisa soprou um tanto mais bruscamente e, mais no alto, a cor faiscou no ar, faiscou nos olhos dos homens e mulheres que passeavam no Kew Gardens em julho.

As figuras desses homens e mulheres passavam, errantes, pelo lado do canteiro, num movimento curiosamente irregular, não muito diferente daquele das borboletas brancas e amarelas que, de canteiro em canteiro, atravessavam o gramado voando em zigue-zague. O homem estava uns dois palmos à frente da mulher, caminhando à toa, enquanto ela ia em frente com mais intento, só virando a cabeça uma vez ou outra, para ver se as crianças não estavam ficando muito para trás. O homem mantinha distância à frente da mulher de propósito, embora talvez sem consciência, pois queria continuar com seus pensamentos.

"Faz quinze anos que vim aqui com Lily", pensou ele. "Sentamos em algum lugar ali adiante, à beira de um lago, e implorei durante toda uma tarde de muito calor para que ela se casasse comigo. A libélula ficou o tempo todo volteando ao nosso redor: ainda vejo claramente a libélula, e o sapato que ela calçava, com a biqueira de prata retangular. Enquanto falava, eu via o tempo todo o sapato dela e quando ele se mexia, impaciente, eu sabia, sem olhar para cima, o que ela ia dizer: ela parecia estar inteirinha no sapato. Mas meu amor, meu desejo, estava na libélula; por alguma razão, pensava que se ela pousasse ali, naquela folha, a folha larga

flower in the middle of it, if the dragonfly settled on the leaf she would say "Yes" at once. But the dragonfly went round and round: it never settled anywhere—of course not, happily not, or I shouldn't be walking here with Eleanor and the children—Tell me, Eleanor. D'you ever think of the past?"

"Why do you ask, Simon?"

"Because I've been thinking of the past. I've been thinking of Lily, the woman I might have married … Well, why are you silent? Do you mind my thinking of the past?"

"Why should I mind, Simon? Doesn't one always think of the past, in a garden with men and women lying under the trees? Aren't they one's past, all that remains of it, those men and women, those ghosts lying under the trees,… one's happiness, one's reality?"

"For me, a square silver shoe buckle and a dragonfly—"

"For me, a kiss. Imagine six little girls sitting before their easels twenty years ago, down by the side of a lake, painting the water-lilies, the first red water-lilies I'd ever seen. And suddenly a kiss, there on the back of my neck. And my hand shook all the afternoon so that I couldn't paint. I took out my watch and marked the hour when I would allow myself to think of the kiss for five minutes only—it was so precious—the kiss of an old grey-haired woman with a wart on her nose, the mother of all my kisses all my life. Come, Caroline, come, Hubert."

com a flor vermelha no meio, se a libélula pousasse na folha, ela diria 'sim' em seguida. Mas a libélula volteava e volteava: nunca pousou em lugar nenhum – claro que não, felizmente não, do contrário eu não estaria passeando aqui com Eleanor e as crianças. – Diga-me uma coisa, Eleanor. Você alguma vez pensa no passado?"

"Por que a pergunta, Simon?"

"Porque estive pensando no passado. Estive pensando em Lily, a mulher com quem eu poderia ter casado... Ei, por que você está calada? Incomoda-lhe que eu pense no passado?"

"Por que deveria me incomodar, Simon? A gente não pensa sempre no passado quando está num jardim com homens e mulheres estendidos sob as árvores? Não são eles o passado da gente, tudo o que resta dele, esses homens e mulheres, esses fantasmas estendidos sob as árvores,... a felicidade da gente, a realidade da gente?"

"Para mim, uma biqueira de prata retangular e uma libélula..."

"Para mim, um beijo. Imagine seis garotas, vinte anos atrás, sentadas diante de seus cavaletes de pintura, à beira de um lago, pintando ninfeias, as primeiras ninfeias vermelhas que vi na minha vida. E de repente um beijo, bem ali na nuca. E minha mão ficou tremendo de tal modo a tarde toda que eu não conseguia pintar. Tirei o relógio e marquei a hora em que me permitiria pensar no beijo por não mais que cinco minutos – foi tão precioso – o beijo – foi tão precioso – o beijo de uma mulher mais velha, grisalha, com uma verruga no nariz, a mãe de todos os meus beijos por todo o resto de minha vida. Vem, Caroline, vem, Hubert."

They walked on the past the flower-bed, now walking four abreast, and soon diminished in size among the trees and looked half transparent as the sunlight and shade swam over their backs in large trembling irregular patches.

In the oval flower bed the snail, whose shell had been stained red, blue, and yellow for the space of two minutes or so, now appeared to be moving very slightly in its shell, and next began to labour over the crumbs of loose earth which broke away and rolled down as it passed over them. It appeared to have a definite goal in front of it, differing in this respect from the singular high stepping angular green insect who attempted to cross in front of it, and waited for a second with its antennæ trembling as if in deliberation, and then stepped off as rapidly and strangely in the opposite direction. Brown cliffs with deep green lakes in the hollows, flat, blade-like trees that waved from root to tip, round boulders of grey stone, vast crumpled surfaces of a thin crackling texture—all these objects lay across the snail's progress between one stalk and another to his goal. Before he had decided whether to circumvent the arched tent of a dead leaf or to breast it there came past the bed the feet of other human beings.

This time they were both men. The younger of the two wore an expression of perhaps unnatural calm; he raised his eyes and fixed them very steadily in front of him while his companion spoke, and directly his companion had done

Eles deixaram o canteiro de flores para trás, os quatro agora caminhando juntos, e logo diminuíram de tamanho entre as árvores, dando a impressão, enquanto a luz do sol e a sombra, em grandes e irregulares tiras ondulantes, nadavam em suas costas, de serem transparentes.

No canteiro de flores oval, o caracol, cuja carapaça se tingira de vermelho, azul e amarelo pelo intervalo de mais ou menos dois minutos, parecia agora estar se movendo muito lentamente em sua concha, e logo começou a enfrentar os grumos de terra fofa que se rompiam e rolavam quando passava por cima deles. Ele parecia ter uma meta definida pela frente, diferindo, quanto a isso, do singular inseto verde e anguloso de patas compridas que tentava atravessar na sua frente, e esperou por um segundo com suas antenas tremendo, como que em dúvida, e então partiu de maneira igualmente rápida e estranha na direção oposta. Penhascos escuros com fundos lagos verdes nas depressões, árvores fininhas, feito lâminas, que ondulavam da raiz à ponta, enormes blocos redondos de pedra cinza, vastas superfícies pregueadas, de textura frágil e crepitante – todos esses objetos se interpunham no progresso do caracol entre um caule e outro de sua meta. Antes de ter decidido se contornava a tenda arqueada de uma folha morta ou se a atacava de frente, começaram a passar pelo canteiro os pés de outros seres humanos.

Desta vez eram ambos homens. O mais jovem deles exibia uma expressão de calma talvez pouco natural; ele erguia os olhos, fixando-os o tempo todo à sua frente, enquanto seu companheiro falava, e tão logo seu companheiro parava de falar, ele voltava a olhar para o chão, e

speaking he looked on the ground again and sometimes opened his lips only after a long pause and sometimes did not open them at all. The elder man had a curiously uneven and shaky method of walking, jerking his hand forward and throwing up his head abruptly, rather in the manner of an impatient carriage horse tired of waiting outside a house; but in the man these gestures were irresolute and pointless. He talked almost incessantly; he smiled to himself and again began to talk, as if the smile had been an answer. He was talking about spirits—the spirits of the dead, who, according to him, were even now telling him all sorts of odd things about their experiences in Heaven.

"Heaven was known to the ancients as Thessaly, William, and now, with this war, the spirit matter is rolling between the hills like thunder." He paused, seemed to listen, smiled, jerked his head and continued:—

"You have a small electric battery and a piece of rubber to insulate the wire—isolate?—insulate?—well, we'll skip the details, no good going into details hat wouldn't be understood—and in short the little machine stands in any convenient position by the head of the bed, we will say, on a neat mahogany stand. All arrangements being properly fixed by workmen under my direction, the widow applies her ear and summons the spirit by sign as agreed. Women! Widows! Women in black——"

Here he seemed to have caught sight of a woman's dress in the distance, which in the shade

às vezes abria a boca, mas só depois de uma longa pausa, e às vezes simplesmente a mantinha fechada. O homem mais velho tinha um método curiosamente pouco habitual e agitado de caminhar, arremessando a mão para a frente e jogando a cabeça para cima abruptamente, um tanto à maneira de um impaciente cavalo de tiro cansado de esperar na frente de alguma casa; mas no homem esses gestos eram indecisos e fora de propósito. Falava quase sem parar; sorria para si mesmo e de novo começava a falar, como se o sorriso tivesse sido uma resposta. Estava falando sobre espíritos – os espíritos dos mortos, que, segundo ele, neste exato momento contavam-lhe todo tipo de coisas estranhas sobre suas experiências no Paraíso.

"O Paraíso, William, era conhecido pelos antigos como Tessália, e agora, com esta guerra, a matéria do espírito está ribombando por entre os montes como um trovão." Ele fez uma pausa, deu a impressão de que estava escutando, sorriu, sacudiu a cabeça e continuou:

"Tem-se uma pequena bateria elétrica, com uma tira de borracha para insular o arame – isolar? insular? – bom, vamos pular os detalhes, não vale a pena entrar em detalhes que não seriam compreendidos – mas, em suma, a maquininha fica num lugar conveniente qualquer ao lado da cabeceira da cama, digamos, numa mesinha simples de mogno. Com todos os preparativos devidamente executados por trabalhadores sob minha orientação, a viúva encosta o ouvido nela e, conforme fora combinado, invoca o espírito por um sinal. Mulheres! Viúvas! Mulheres de preto..."

Aqui ele deu a impressão de ter vislumbrado, ao longe, o vestido de uma mulher que, sob a sombra,

looked a purple black. He took off his hat, placed his hand upon his heart, and hurried towards her muttering and gesticulating feverishly. But William caught him by the sleeve and touched a flower with the tip of his walking-stick in order to divert the old man's attention. After looking at it for a moment in some confusion the old man bent his ear to it and seemed to answer a voice speaking from it, for he began talking about the forests of Uruguay which he had visited hundreds of years ago in company with the most beautiful young woman in Europe. He could be heard murmuring about forests of Uruguay blanketed with the wax petals of tropical roses, nightingales, sea beaches, mermaids, and women drowned at sea, as he suffered himself to be moved on by William, upon whose face the look of stoical patience grew slowly deeper and deeper.

Following his steps so closely as to be slightly puzzled by his gestures came two elderly women of the lower middle class, one stout and ponderous, the other rosy cheeked and nimble. Like most people of their station they were frankly fascinated by any signs of eccentricity betokening a disordered brain, especially in the well-to-do; but they were too far off to be certain whether the gestures were merely eccentric or genuinely mad. After they had scrutinised the old man's back in silence for a moment and given each other a queer, sly look, they went on energetically piecing together their very complicated dialogue:

parecia ser preto com tons de roxo. Tirou o chapéu, pôs a mão no peito e começou a correr em sua direção, murmurando e gesticulando febrilmente. Mas William pegou-o pela manga e, para distrair a atenção do velho, tocou uma flor com a ponta da bengala. Depois de contemplá-la, confuso, por um instante, o velho se inclinou na sua direção e parecia estar respondendo a uma voz que vinha dela, pois ele começou a falar sobre as florestas do Uruguai, que ele visitara centenas de anos atrás, na companhia da mais bonita das moças da Europa. Podia-se ouvi-lo murmurando sobre florestas do Uruguai cobertas de pétalas de rosas tropicais que pareciam de cera, rouxinóis, praias, sereias e mulheres afogadas no mar, enquanto ele se resignava a ser conduzido por William, em cuja face a expressão de estoica paciência lentamente tornava-se cada vez mais acentuada.

Seguindo-lhe os passos com muita atenção, a ponto de ficarem ligeiramente intrigadas por seus gestos, vinham duas mulheres idosas de classe média baixa, uma, robusta e pesada, a outra, ágil e de faces rosadas. Como a maioria das pessoas de sua condição, elas eram francamente fascinadas por quaisquer sinais de excentricidade que indicassem um cérebro desarranjado, especialmente nos bem situados na vida; mas elas estavam longe demais para saber ao certo se os gestos eram simplesmente excêntricos ou genuinamente insanos. Após terem examinado, em silêncio, por um instante, as costas do velho e terem trocado olhares oblíquos, maliciosos, elas foram adiante, energicamente costurando seu confuso diálogo:

"Nell, Bert, Lot, Cess, Phil, Pa, he says, I says, she says, I says, I says, I says——"

"My Bert, Sis, Bill, Grandad, the old man, sugar,

Sugar, flour, kippers, greens,

Sugar, sugar, sugar."

The ponderous woman looked through the pattern of falling words at the flowers standing cool, firm, and upright in the earth, with a curious expression. She saw them as a sleeper waking from a heavy sleep sees a brass candlestick reflecting the light in an unfamiliar way, and closes his eyes and opens them, and seeing the brass candlestick again, finally starts broad awake and stares at the candlestick with all his powers. So the heavy woman came to a standstill opposite the oval-shaped flower bed, and ceased even to pretend to listen to what the other woman was saying. She stood there letting the words fall over her, swaying the top part of her body slowly backwards and forwards, looking at the flowers. Then she suggested that they should find a seat and have their tea.

The snail had now considered every possible method of reaching his goal without going round the dead leaf or climbing over it. Let alone the effort needed for climbing a leaf, he was doubtful whether the thin texture which vibrated with such an alarming crackle when touched even by the tip of his horns would bear his weight; and this determined him finally to creep beneath it, for there was a point where the leaf curved high

"A Nell, a Bert, a Lot, a Cess, o Phil, o Papai, aí ele diz, aí eu digo, aí ela diz, aí eu digo, aí eu digo, aí eu digo, aí eu digo..."

"A minha Bert, a Mana, o Bill, o Vovô, o velho, açúcar,

Açúcar, farinha, arenques defumados, verduras,

Açúcar, açúcar, açúcar."

Com uma expressão curiosa no rosto, a mulher pesada contemplou, através do mosaico das palavras que despencavam, as flores que permaneciam impassíveis, firmes e retas na terra. Ela as via como alguém que, acordando de um sono profundo, vê um castiçal de bronze refletindo a luz de uma maneira pouco familiar e fecha os olhos e torna a abri-los, e, vendo o castiçal de novo, finalmente se sobressalta, inteiramente acordada, e encara o castiçal com todas as suas forças. Assim também, a mulher pesada ficou paralisada do outro lado do canteiro de flores oval, e deixou até mesmo de fingir que escutava o que a outra mulher dizia. Ficou ali, deixando as palavras despencarem sobre ela, sacudindo a parte superior do corpo lentamente para frente e para trás, contemplando as flores. Então sugeriu que elas procurassem um banco para tomar o chá.

O caracol tinha agora passado em revista tudo que era método para atingir sua meta sem contornar a folha morta ou escalá-la. Sem contar o esforço necessário para escalar uma folha, ele se perguntava se a frágil textura que vibrava com um estalido tão assustador até mesmo quando tocada apenas pela ponta de seus chifres iria suportar o seu peso; e isso fez com que se decidisse, afinal, por rastejar por debaixo dela, pois havia um ponto em

enough from the ground to admit him. He had just inserted his head in the opening and was taking stock of the high brown roof and was getting used to the cool brown light when two other people came past outside on the turf. This time they were both young, a young man and a young woman. They were both in the prime of youth, or even in that season which precedes the prime of youth, the season before the smooth pink folds of the flower have burst their gummy case, when the wings of the butterfly, though fully grown, are motionless in the sun.

"Lucky it isn't Friday," he observed.

"Why? D'you believe in luck?"

"They make you pay sixpence on Friday."

"What's sixpence anyway? Isn't it worth sixpence?"

"What's 'it'—what do you mean by 'it'?"

"O, anything—I mean—you know what I mean."

Long pauses came between each of these remarks; they were uttered in toneless and monotonous voices. The couple stood still on the edge of the flower bed, and together pressed the end of her parasol deep down into the soft earth. The action and the fact that his hand rested on the top of hers expressed their feelings in a strange way, as these short insignificant words also expressed something, words with short wings for their heavy body of meaning, inadequate to carry them far and thus alighting awkwardly upon the very common

que a folha se arqueava a uma altura suficiente do chão para permitir-lhe a entrada. Mal tinha acabado de inserir a cabeça na abertura e estava passando em revista o alto teto marrom e se adaptando à fria luz marrom quando do lado de fora duas outras pessoas começaram a passar pela grama. Desta vez, eram ambas jovens, um moço e uma moça. Estavam ambos no auge da juventude, ou melhor ainda, naquela estação que antecede o auge da juventude, a estação que vem antes de os delicados refolhos rosados da flor terem rompido seu viscoso invólucro, o momento em que as asas da borboleta, embora inteiramente desenvolvidas, ficam imóveis sob o sol.

"Sorte não ser sexta-feira", observou ele.

"Por quê? Você acredita em sorte?"

"Nas sextas tem que pagar seis *pence*."

"Mas o que são seis *pence*? Isto não vale seis *pence*?"

"O que é 'isto'? O que você quer dizer com 'isto'?"

"Bom, qualquer coisa, quer dizer, você sabe o que quero dizer."

Longas pausas se sucediam a cada um desses comentários; eles eram proferidos com vozes neutras e monótonas. O par ficou parado na beirada do canteiro, e juntos pressionaram com força a ponta da sombrinha dela contra a terra fofa. A ação e o fato de que as mãos dele se apoiavam sobre as dela expressavam os sentimentos dos dois de uma maneira estranha, tanto quanto essas breves e insignificantes palavras também expressavam alguma coisa, palavras com asas curtas para seu pesado corpo de significado, inadequadas para levá-las longe, e que pousavam, pois, desajeitadamente sobre os objetos em si, sobre os objetos demasiado comuns que os rodeavam, e eram,

objects that surrounded them, and were to their inexperienced touch so massive; but who knows (so they thought as they pressed the parasol into the earth) what precipices aren't concealed in them, or what slopes of ice don't shine in the sun on the other side? Who knows? Who has ever seen this before? Even when she wondered what sort of tea they gave you at Kew, he felt that something loomed up behind her words, and stood vast and solid behind them; and the mist very slowly rose and uncovered—O, Heavens, what were those shapes?—little white tables, and waitresses who looked first at her and then at him; and there was a bill that he would pay with a real two shilling piece, and it was real, all real, he assured himself, fingering the coin in his pocket, real to everyone except to him and to her; even to him it began to seem real; and then—but it was too exciting to stand and think any longer, and he pulled the parasol out of the earth with a jerk and was impatient to find the place where one had tea with other people, like other people.

"Come along, Trissie; it's time we had our tea."

"Wherever *does* one have one's tea?" she asked with the oddest thrill of excitement in her voice, looking vaguely round and letting herself be drawn on down the grass path, trailing her parasol, turning her head this way and that way, forgetting her tea, wishing to go down there and then down there, remembering orchids and cranes among wild flowers, a Chinese pagoda and a crimson rested bird; but he bore her on.

para o tato inexperiente deles, tão substanciais; mas quem sabe (assim pensavam eles enquanto forçavam a sombrinha na terra) que precipícios não estão escondidos nelas, ou que montanhas de gelo não brilham sob o sol do outro lado? Quem sabe? Quem alguma vez viu isso antes? Até mesmo quando ela perguntava que espécie de chá eles serviam em Kew, ele sentia que alguma coisa pairava por detrás de suas palavras, e aí se postava, vasta e sólida; e a neblina se erguia muito lentamente, revelando – ó, céus, que formas eram aquelas? – mesinhas brancas, e garçonetes que olharam primeiro para ela e depois para ele; e havia uma conta que ele ia pagar com uma moeda real de dois *shillings*, e ela era real, inteiramente real, ele procurava se assegurar tocando com os dedos a moeda no bolso, real para todo mundo menos para ele e para ela; começava a parecer real até mesmo para ele; e então... mas era demasiado perturbador continuar ali de pé pensando, e ele tirou a sombrinha da terra com um puxão, ansioso por encontrar o lugar onde se tomava chá com outras pessoas, como outras pessoas.

"Venha comigo, Trissie; está na hora de tomar o nosso chá."

"Mas onde é mesmo que se toma chá?", perguntou ela, com o mais estranho dos frêmitos de prazer na voz, olhando vagamente ao redor e se deixando levar pela trilha de grama, arrastando a sombrinha, virando a cabeça para um lado e para o outro, esquecendo-se do chá, querendo ir para lá e depois para lá, lembrando-se de orquídeas e gruas em meio a flores silvestres, de um pagode chinês e de uma ave de crista vermelha; mas ele continuava a conduzi-la em frente.

Thus one couple after another with much the same irregular and aimless movement passed the flower-bed and were enveloped in layer after layer of green blue vapour, in which at first their bodies had substance and a dash of colour, but later both substance and colour dissolved in the green-blue atmosphere. How hot it was! So hot that even the thrush chose to hop, like a mechanical bird, in the shadow of the flowers, with long pauses between one movement and the next; instead of rambling vaguely the white butterflies danced one above another, making with their white shifting flakes the outline of a shattered marble column above the tallest flowers; the glass roofs of the palm house shone as if a whole market full of shiny green umbrellas had opened in the sun; and in the drone of the aeroplane the voice of the summer sky murmured its fierce soul. Yellow and black, pink and snow white, shapes of all these colours, men, women, and children were spotted for a second upon the horizon, and then, seeing the breadth of yellow that lay upon the grass, they wavered and sought shade beneath the trees, dissolving like drops of water in the yellow and green atmosphere, staining it faintly with red and blue. It seemed as if all gross and heavy bodies had sunk down in the heat motionless and lay huddled upon the ground, but their voices went wavering from them as if they were flames lolling from the thick waxen bodies of candles. Voices. Yes, voices. Wordless voices, breaking the silence

Assim, um par após o outro, com quase o mesmo irregular e incerto movimento, passava pelo canteiro de flores e era envolvido em camada após camada de vapor azul esverdeado, no qual, primeiro, seus corpos tinham substância e uma pitada de cor, porém, mais tarde, tanto a substância quanto a cor se dissolviam na atmosfera azul esverdeada. Como estava quente! Tão quente que até o tordo resolveu pular, como um passarinho mecânico, sob a sombra das flores, com longas pausas entre um movimento e o seguinte; em vez de simplesmente passear sem rumo, as borboletas brancas dançavam umas sobre as outras, com seus alternantes flocos brancos desenhando por sobre as flores mais altas o contorno de uma coluna de mármore em ruínas; os tetos de vidro do viveiro de palmeiras brilhavam como se uma coleção inteira de brilhantes guarda-chuvas amarelos tivesse se aberto sob o sol; e no zumbido do aeroplano, a voz do céu de verão fazia murmurar sua alma selvagem. Amarelo e preto, rosa e branco de neve, formas de todas essas cores, homens, mulheres e crianças avistadas por um segundo no horizonte e, então, vendo a vastidão de amarelo que se estendia sobre a grama, eles vacilavam e buscavam a sombra sob as árvores, dissolvendo-se como gotas d'água na atmosfera amarela e verde, tingindo-a levemente de vermelho e azul. Era como se todos os corpos robustos e pesados tivessem afundado no calor sem se mexerem e se estendessem amontoados no chão, mas suas vozes saíam deles tremulantes como se fossem chamas pendendo do espesso corpo de cera de uma vela. Vozes. Sim, vozes. Vozes sem palavras,

suddenly with such depth of contentment, such passion of desire, or, in the voices of children, such freshness of surprise; breaking the silence? But there was no silence; all the time the motor omnibuses were turning their wheels and changing their gear; like a vast nest of Chinese boxes all of wrought steel turning ceaselessly one within another the city murmured; on the top of which the voices cried aloud and the petals of myriads of flowers flashed their colours into the air.

de repente quebrando o silêncio com tal profundeza de contentamento, com tal paixão de desejo ou, nas vozes das crianças, com tal frescor de surpresa; quebrando o silêncio? Mas não havia silêncio nenhum; o tempo todo os ônibus a motor giravam suas rodas e passavam suas marchas; como um vasto encaixe de caixinhas chinesas, todas em aço forjado, girando sem parar uma dentro da outra, a cidade murmurava; por cima delas, as vozes gritavam alto e as pétalas de miríades de flores faiscavam suas cores no ar.

[Escrito por volta de 1917, publicado pela Hogarth Press em maio de 1919.]

Notas do tradutor

Virginia Woolf é conhecida, sobretudo, por seus romances modernistas, como *Mrs Dalloway*, *Ao Farol* e *Orlando*. Bem menos conhecida, entretanto, é a sua faceta de contista. É explicável.

Em primeiro lugar, ela não pôs nisso toda a sua energia, como foi o caso de sua amiga e rival Katherine Mansfield. Virginia escreveu contos, ou peças curtas de ficção, como preferem chamá-los alguns críticos, apenas ocasionalmente. E escreveu poucos, pouquíssimos. Apenas 46, conforme a conta da segunda edição da coletânea organizada por Susan Dick (*The Complete Shorter Fiction of Virginia Woolf*, 1988); o primeiro em 1906, o último em 1941, o ano de sua morte. Muitos deles, curtíssimos, alguns de apenas uma ou duas páginas.

Depois, foram escritos isolada e esparsamente, sem a unidade de uma coletânea concebida pela própria autora. Às vezes, apenas como um ensaio para algo de maior alcance; outras, para ser publicado em alguma revista, para complementar o orçamento (como ela mesma admite em carta de julho de 1938 ao editor de uma revista, apenas *"pot boiling stories"*, o nome utilizado em inglês para qualificar esse tipo de trabalho); outras,

ainda, para pôr à prova suas tentativas de revolucionar as estratégias narrativas do romance tradicional.

Em vida, alguns dos contos apareceram reunidos em três publicações. Em 1917, a Hogarth Press, a editora do casal Woolf, publica um livreto artesanal intitulado *Two Stories* (*Dois contos*), contendo, além de um conto seu ("A marca na parede"), outro de Leonard Woolf ("Três judeus"). Em 1919, aparece o livro *Kew Gardens*, contendo apenas o conto de mesmo nome, além de ilustrações de sua irmã, Vanessa Bell. E, em 1921, sai à luz *Monday or Tuesday* (*Segunda ou terça*), a única coletânea organizada pela própria Virginia.

Em 1944, três anos após a morte de Virginia Woolf, Leonard Woolf trouxe a público uma seleção de dezoito de seus contos sob o título *The Haunted House and Other Short Stories* (*A casa assombrada e outros contos*). Em 1985, Susan Dick reúne todos os contos de Virginia, incluindo vários inéditos, na coletânea *The Complete Shorter Fiction of Virginia Woolf*, complementada com algumas outras peças na segunda edição de 1988, já mencionada. Essa coletânea tem duas traduções no Brasil: a de Hélio Pólvora, publicada em 1992, sob o título *Objetos sólidos* (Siciliano); e a de Leonardo Fróes, *Contos completos*, publicada em 2005 (Cosac Naify).

Na falta de qualquer linha demarcatória suficientemente nítida, tem havido tentativas para classificar os contos de Virginia pelos critérios mais variados. Susan Dick, em sua coletânea, limita-se a apresentálos por ordem cronológica, dividindo-os em quatro períodos, sem nenhuma tentativa de reuni-los por qualquer outro critério.

Parece seguro classificá-los em quatro grupos. No primeiro estariam incluídos os contos que poderiam ser chamados de exercícios de "principiante", começando com o primeiro que ela escreveu, em 1906, "Phyllis e Rosamond".

No segundo estariam os contos que Virginia escreveu como uma espécie de laboratório de experimentação antes de iniciar seus voos mais ousados em romances como *O quarto de Jacó*, *Mrs Dalloway* e *Ao Farol*, entre outros. Os contos da época em que se preparava para escrever *Mrs Dalloway*, tal como "Mrs Dalloway em Bond Street" pertenceriam a um terceiro grupo.

E, finalmente, os contos escritos entre 1926 e 1941, que poderiam ser classificados, sem prejuízo de seu mérito artístico, como peças feitas sob encomenda para várias publicações periódicas e que adotam, em oposição aos do segundo grupo, um estilo que se poderia chamar de convencional.

A seleção desta coletânea se concentra nos contos do segundo grupo, ou seja, os contos claramente mais experimentais da autora. Quatro dos cinco contos aqui reunidos estão nessa categoria. Um deles, "O legado", pertence ao quarto grupo antes mencionado, ou seja, ao grupo dos mais "comerciais" ou palatáveis da última fase de sua vida.

O critério de seleção adotado é, sobretudo, pessoal. Os quatro contos experimentais aqui traduzidos são os contos de que mais gosto. Estão também entre os que têm recebido mais atenção da crítica literária. Um outro, *O legado*, de feição mais clássica, ganhou o seu lugar na coletânea pelo contraste que faz com os outros quatro.

Um detalhe da tradução do conto "A dama no espelho" exige uma observação à parte. Virginia Woolf faz com que, neste conto, o narrador, estranhamente, se coloque em cena pela utilização do pronome indefinido "*one*". Em geral, o uso ocasional desse pronome se traduz pelo pronome "nós" ou por alguma construção que utilize o indeterminado "se". Aqui, entretanto, qualquer desses subterfúgios anularia a presença dessa figura, misto de narrador e personagem invisível, individualizada no pronome "*one*". O nosso "a gente" cumpre, em grande parte, a mesma função, mas não exatamente. Por um lado, "a gente" é bastante informal; "*one*", pelo contrário, é altamente formal. Por outro, enquanto a repetição do pronome, de *qualquer* pronome, em inglês, é obrigatória, em português (escrito), acaba por se tornar deselegante. Mas isso é a tradução: não apenas se perde alguma coisa; às vezes se "ganha" alguma coisa: um peso um tanto incômodo. *Alas!*

13 **campos de asfódelos** – o asfódelo é comumente ligado à morte. Na Odisseia, as sombras dos mortos, no Hades, vagam por campinas cobertas de asfódelos: "Rumam, sem tardar, às campinas dos asfódelos, / moradas das sombras, os espectros dos que dormem" (*Odisseia*, trad. Donaldo Schüler, canto 24, p. 317). No canto 11, Aquiles, no Hades, caminha sobre asfódelos: "[...] Mal eu acabara de / falar, a sombra do veloz neto de Eaco marchou a / largos passos ao campo dos asfódelos (p. 207).

cálice da flor... luz roxa e rubra – supostamente refere-se ao asfódelo e às suas cores.

15 **dedões de Gigantes** – Gigantes, *Giants*, no original, refere-se, ambiguamente, tanto às grandes árvores (em

oposição à grama), quanto aos Gigantes, no sentido de pessoas notáveis no seu campo de atuação (na tradução não utilizei o artigo definido, "*dos* Gigantes", como seria mais apropriado para o segundo sentido, para não suprimir a coexistência do primeiro sentido – o feminino "árvores"). Dedões, *toes*, no original, refere-se às raízes expostas de árvores grandes e antigas (em inglês, *toes* tem também este significado).

(21) **Tabela de Precedência de Whitaker** – almanaque publicado anualmente que lista, entre outras coisas, os vários níveis da escala social e o papel de cada um na vida política e social britânica, estabelecendo regras de propriedade e tratamento mútuo. Publicado pela primeira vez em 1868, ainda continua ativo.

elevações das South Downs – South Downs é uma cadeia de montes calcários situada no sul da Inglaterra. Há, nessa região, um número bastante grande de elevações que se supõem terem sido túmulos erigidos há milhares de anos. Não há registro de que a hipótese do coronel aposentado do conto – a de que assinalariam antigos locais de acampamentos militares – tenha sido, em algum momento, realmente contemplada.

(41) **Temple** – área no centro de Londres, próxima à Temple Church (igreja da qual se origina o nome, situada entre a Fleet Street e o Tâmisa), em que estão localizados edifícios destinados aos membros de duas (Middle Temple e Inner Temple) das associações profissionais de advogados (chamadas Inns of Court) da Inglaterra e do País de Gales.

(73) ***A revolução vindoura*** – no original, *The Coming Revolution*, cujo título completo é *The Coming Revolution in England*, é um panfleto de autoria de Henry Mayers Hyndman (1842-1921), publicado em 1884.

Mansion House – trata-se da residência oficial do prefeito de Londres.

99 **Kew Gardens** – situado no sudoeste de Londres, é um dos mais importantes jardins botânicos do mundo.

suas circulares veias marrons – no original, *with its brown, circular veins*. Note-se, aqui, o uso, no original, do pronome possessivo neutro, *its*, para se referir ao caracol. Na segunda vez em que aparece no conto, no parágrafo que começa com "No canteiro de flores oval, o caracol...", ele é tratado mais algumas vezes pelo pronome pessoal ou possessivo neutro, mas a partir do final do parágrafo passa a ser tratado pelo pronome masculino: "*Before* he *had decided...*". Se não é um cochilo (e, provavelmente, não é), qual é o significado disso?

103 **Para mim, um beijo.** – A memória do beijo recebido por Eleanor, presumidamente de sua instrutora de pintura, ecoa outros beijos ou gestos entre mulheres na obra de VW. Em particular, a extática descrição desse momento especial na vida de Eleanor ("a mãe de todos os meus beijos por todo o resto de minha vida") lembra o beijo entre a jovem Clarissa Dalloway e sua amiga Sally em *Mrs Dalloway*: "Deu-se, então, quando passavam por um vaso de pedra cheio de flores, o momento mais extraordinário de toda a sua vida. Sally parou; arrancou uma flor; beijou-lhe os lábios. O mundo inteiro podia ter virado de ponta-cabeça! Os outros desapareceram; ali estava ela, a sós com Sally." (*Mrs Dalloway*, Autêntica, p. 37). Por outro lado, o instantâneo amoroso entre uma jovem e uma mulher mais velha evoca a relação da Virginia adolescente com Violet Dickinson, quase vinte anos mais velha do que ela. Ou o romance de Virginia com Vita Sackville-West, dez anos mais nova, eternizado em *Orlando*. Ou ainda o excepcional momento de erótica ternura entre a idosa sra. Ramsay e a jovem Lily Briscoe (uma pintora, por sinal) em *Ao Farol*: "Sentada no chão, com os braços ao redor dos joelhos da Sra. Ramsay, o mais

perto que podia, sorrindo ao pensar que a Sra. Ramsay nunca saberia a razão dessa pressão, imaginou que, nos compartimentos da mente e no coração da mulher que estava, fisicamente, tocando-a, levantavam-se, como os tesouros nas tumbas de reis, tabuletas carregando sagradas inscrições, as quais, se pudéssemos decifrá-las, nos ensinariam tudo, mas elas nunca seriam oferecidas abertamente, nunca se tornariam públicas. Que arte havia aí, conhecida do amor ou da astúcia, pela qual se forçava o caminho através desses compartimentos secretos? Qual o ardil para se tornar, como águas vertidas numa jarra, inextricavelmente a mesma coisa, uma coisa só, com o objeto que se adora?" (*Ao Farol*, Autêntica, p. 46).

113 **Nas sextas tem que pagar seis *pence*.** – o preço normal do ingresso nos Kew Gardens era, na época, de 1 *shilling*, que valia 12 *pence*, exceto nas quintas e sextas, em que era reduzido à metade, ou seja, 6 *pence*.

Copyright da tradução © 2017 Tomaz Tadeu

Todos os direitos reservados pela Autêntica Editora Ltda. Nenhuma parte desta publicação poderá ser reproduzida, seja por meios mecânicos, eletrônicos, seja via cópia xerográfica, sem a autorização prévia da Editora.

EDITORAS RESPONSÁVEIS
Rejane Dias
Cecília Martins

PROJETO GRÁFICO
Diogo Droschi

CAPA
Diogo Droschi (sobre fotografia de Ross Hoddinott)

DIAGRAMAÇÃO
Waldênia Alvarenga

REVISÃO
Cecília Martins

**Dados Internacionais de Catalogação na Publicação (CIP)
(Câmara Brasileira do Livro, SP, Brasil)**

Woolf, Virginia, 1882-1941.
   A arte da brevidade : contos / Virginia Woolf ; seleção e tradução Tomaz Tadeu. -- 1. ed.;1. reimp. -- Belo Horizonte : Autêntica Editora, 2017. -- (Mimo)

   ISBN 978-85-513-0156-2

   1. Contos ingleses I. Tadeu, Tomaz. II. Título. III. Série.

16-09251   CDD-823.91

Índices para catálogo sistemático:
1. Contos : Literatura inglesa 823.91

Belo Horizonte
Rua Carlos Turner, 420
Silveira . 31140-520
Belo Horizonte . MG
Tel.: (55 31) 3465 4500

São Paulo
Av. Paulista, 2.073 . Conjunto Nacional
Horsa I . Sala 309 . Cerqueira César
01311-940 . São Paulo . SP
Tel.: (55 11) 3034 4468

www.grupoautentica.com.br
SAC: atendimentoleitor@grupoautentica.com.br

Este livro foi composto com tipografia Bembo e impresso
em papel Off-White 90 g/m² na Gráfica Santa Marta.